룻기, 절망 중에 피어난 사랑이야기
사랑이 피어나다

롯기, 절망 중에 피어난 사랑이야기

사랑이 피어나다

개정판 1쇄 발행 2025년 8월 30일

지은이   이희우
펴낸이   송수자
펴낸곳   밥티조출판사

등 록   제2012-000009호
주 소   인천시 중구 홍예문로 68번길 4-5
전 화   010-2235-0714
이메일   hepsibasong@hanmail.net

ⓒ 2025. 이희우 all rights reserved.

값 15,000원
ISBN   979-11-980953-9-8 03230)

본 책은 저작자의 지적 재산으로서 무단 전재와 복제를 금합니다.

룻기, 절망 중에 피어난 사랑이야기

사랑이 피어나다

이희우 지음

밥티조

차례

룻, 들에 핀 꽃이 되다 7

1. 흉년이 들었을 때 ···9
2. 룻의 결단 ···27
3. 은혜받은 룻 ···43
4. 룻, 들에 핀 꽃이 되다 ···59
5. 룻의 깜찍한 대시 ···75
6. 룻이 결혼하다 ···91
7. 룻이 크게 웃다 ···105

룻기 개관 119

책 속 음악감상실- 음악이 있는 룻기 129

    1. 나오미 편 ⋯ 131

    2. 룻 편 ⋯ 148

    3. 보아스 편 ⋯ 171

책 속 미술관 199

■ 집필 후기

룻,
들에 핀 꽃이
되다

"사사시대에 그 땅에 기근이 든 일이 있었다.
그 때에 유다 베들레헴 태생의 한 남자가 모압 지방으로 가서
임시로 살려고 아내와 두 아들을 데리고 길을 떠났다…
그러다가 나오미의 남편 엘리멜렉이 죽고 나오미와 두 아들만
남았다…아들 말론과 기룐이 죽으니 나오미는 남편에 이어
두 아들마저 잃고, 홀로 남았다"

룻기 1:1-5 새번역 성경

"그 두 사람은 길을 떠나서 베들레헴에 이르렀다.
그들이 베들레헴에 이르니 온 마을이 떠들썩하였다.
아낙네들이 '이게 정말 나오미인가?'…'나를 나오미라고
부르지들 마십시오. 전능하신 분께서 나를 몹시도 괴롭게
하셨으니 이제는 나를 마라라고 부르십시오'"

룻기 1:19-22 새번역 성경

01
흉년 들었을 때

▼

▼

▼

봄이 되면 온 대지가 다 꽃으로 활짝 웃는다. 지난해 5월에 룻기를 교인들과 함께 읽었는데 5월쯤 되면 사방에서 생명의 축제가 벌어진다. 계절의 여왕답게 자연의 웃음꽃이 만발하는 계절이기 때문이다. 금년 5월도 활짝 웃는 멋진 모습이기를 기대하지만 우리 사회의 금년 봄은 울상이다. 힘들지 않은 사람이 별로 없다. 상처투성이가 되고 있는 나라, 교회도 마찬가지다.

그래서 특별히 정호승 시인의 '풀잎에도 상처가 있다'는 시를 외워질 때까지 몇 번을 읽고 읽었다.

풀잎에도 상처가 있다
너와 함께 걸었던 들길을 걸으면

들길에 앉아 저녁놀을 바라보면

상처받은 풀잎들이 손을 흔든다

상처 많은 꽃잎들이 가장 향기롭다

풀잎에만 상처가 있나? 아름답게 보이는 꽃송이에도 상처가 있다. 생명 있는 것들은 다 아픔이 있지만 상처가 풀을 더 강하게 만들고 상흔이 꽃을 더 향기롭게 한다.

구약성경 룻기에 등장하는 한 가정의 모습은 '상처받은 가정'이라고 표현하기에는 슬픔이 너무 크다. 너무 울어 눈물마저 말라버린 상황, 성경은 '흉년'이라는 한 단어로 당시의 시대 상황과 가정 상황을 표현했다.

"사사들이 치리하던 때에 그 땅에 흉년이 드니라" (룻기 1:1)

땅만 흉년이 아니라 인생 흉년이다. 그런데 룻기를 읽어보면 흉년 중에 임한 은혜가 눈부시다는 생각이 든다. 그래서 습관적으로 5월이 되면 구약성경의 룻기가 가장 읽고 싶은 책이 된다. 한 가족이 누렸던 그 가슴 벅찬 은혜가 가정사로 바쁜 우리에게도 임하기를 기도하는 심정으로 읽는데 전개가 재미있다.

유대인들은 룻기를 아가서, 전도서, 예레미야애가, 에스더서와 함께 다섯 메길로트(Five Megillot), 다섯 권의 '두루마리 성경'이라고 부른다. 그리고 주로 이스라엘의 절기(이스라엘 사람들이 지키는 기념일, 축제의 개념이 강하다)인 오순절(五旬節, Pentecost, 성령의 강림을 기념하는 기독교의 축일), 맥추절(麥秋節, the Feast of Harvest, 보리 수확기의 명절이라는 뜻으로, 팔레스타인에서 지내던 기독교 추수 감사절의 기원이 되는 명절)이 되면 이 다섯 메길로트를 읽는다.

룻기는 수많은 단편소설이나 문학작품과는 비교가 되지 않을 정도로 탁월하다는 평가를 받는 작품이다. 마치 기승전결이 함축적으로 잘 나타나는 위대한 단편소설 같다고 할까? 물론 단편소설이 아니다. 역사를 기초로 한 역사서, 실화를 다룬 성문서로 봐야 한다. 가공의 인물이 등장하는 허구적 사실이 아니라는 점이 중요한데 먼저 생각할 것은 그 땅에 흉년이 들었다는 것이다.

누구에게나 찾아올 수 있는 흉년, 룻기를 읽어가며 주로 언제 흉년을 당하는지, 그리고 흉년이 들 때 어떻게 대처하는지를 생각하면 좋겠다.

사사들이 치리하던 때

룻기는 "사사들이 치리하던 때에"라는 말로 시작된다. 사사시대 말쯤에 있었던 일로 여겨지기에 당시의 시대적 배경을 이해하기 위해 구약성경 사사기 17장에서 21장까지를 읽을 필요가 있다. BC 12C 후반의 기드온 사사가 활동하던 시대였던 것으로 보이는데 그때는 미디안 족속의 침입으로 기근이 매우 심하던 때였다.

사사기를 통해 그 배경을 보면 17장에 아들 미가가 어머니의 은을 훔치자 그 사실을 모르고 훔친 자를 저주하던 어머니가 아들 미가가 범인인 것을 알고는 축복하는 모습으로 태도를 바꾸는 이야기가 나온다.

"내 아들이 여호와께 복 받기를 원하노라" (사사기 17:2)

그리고 이어서 저주를 풀기 위해 신상을 만들고 은을 여호와 하나님께 드린다(사사기 17:3). 나와 내 가족은 축복을 받아야 한다는 것이다. 누구나 다급하면 수단 방법을 가리지 않고 할 수 있는 모든 수단 방법을 다 동원하려는 자세를 취한다. 이해는 되지만 이때 신상을 만들고 신앙적 용어를 사용하며 제사장까지 돈 주고 세우는 미신적 자세를 취한 것은 문제가 있었다. 미신적이고 저차원적이며 기복적 신앙 양태는 유치하다고 할 수밖에 없다.

그런데 만일 내가 그런 상황에 처하면 어떻게 대처할까?

과연 신앙인답게 오직 하나님의 영광, 하나님의 비전, 하나님의 위엄이라는 스탠스를 취할 수 있을까? 아니면 나의 한계 속에서, 나에게 갇혀서, 나의 제약을 받으며, 나의 축복과 나의 영광, 내가 구축한 세계를 전전긍긍하지는 않을까? 신앙 용어를 사용하며 신앙적 스탠스도 취하지만 어쩌면 속 빈 위장된 삶, 회칠한 무덤 같은 상태로 지내지는 않을까?

여기서 꼭 생각해야 할 신앙 핵심이 있다. 그건 '하나님의 영광인가? 아니면 나의 축복인가?'라는 것이다. 축복이 중요하지 않다는 게 아니다. 축복보다 하나님의 영광이 더 중요하다는 말이다. 그런데 당시의 시대에 대한 평가를 성경은 한 문장으로 정리했다.

"그 때에 이스라엘에 왕이 없었으므로 사람마다 자기 소견에 옳은 대로 행하였더라"(사사기 17:6)

이게 당시 신앙에 대한 결론이고, 성경 기자의 평가라면 그들의 신앙은 철저히 자기를 위한 신앙이었던 셈이다.

이어서 사사기 18장은 "그때 단 지파는 땅이 없었다"는 말로 시작된다. 야곱의 12지파 중 므낫세 반 지파와 에브라임 지파, 베냐민 지파 사이의 해안 평야를 분배받았지만 블레셋과 아모리인들의 압력으로 해안평지에서 동쪽 산지로 쫓겨

난 지파가 단 지파였다. 땅 때문에 한이 맺혀 있었던 지파, 그래서 문제 해결을 위해 정탐꾼들을 보내 살펴보는데 미가 집에 한 가정의 제사장이 있음을 보고 "우리도 제사장이 필요하다"는 생각에 정예군대 600명을 파견한다. 칼, 창, 활, 물맷돌로 완전무장한 병사들이 미가의 집을 에워쌌다.

어느 날 공수부대 600명이 완전무장을 하고 집 앞에 있다면 어떤 느낌이 들까? 성경은 다섯 명이 미가 집 신상을 탈취하고, 제사장에게 한 가정이 아닌 한 지파의 제사장이 되라고 협상한 것처럼 다뤘다. 여기서 '신상을 탈취하고'라고 한 것은 기가 막히는 일이 벌어진 것, 우상숭배를 도입했다는 뜻이다.

더 기가 막히는 건 이때 제사장의 반응이다.

"그 제사장이 마음에 기뻐하여 에봇과 드라빔과 새긴 우상을 받아 가지고 그 백성 가운데로 들어가니라" (사사기 18:20)

이것은 성공을 추구하는 제사장의 추한 모습이다. 세속적이고, 그저 부패한 본성을 드러낸 꼴, 제사장의 배신이다. 그에게서 사명감도 신앙도 찾아볼 수 없다. 그저 돈과 명예만 추구한 사람처럼 거리낌 없이 따라나선다. 마치 성공이 선이라는 생각이었던 것 같은데 이 경우 제사장의 성공은 선이 아니라 죄라고 해야 할 것이다.

그리고 사사기 19장부터 21장에 어떤 레위인이 나오는데 성경에 보면 레위인은 하나님께 속한 구분된 지파였다. 놀라운 건 레위인의 삶, 너무 엽기적이다. 19장 25절을 보면 도덕적으로 타락했고, 29절을 보면 너무 잔인했다. 극악무도한 시체 유기 사건이 펼쳐졌다. 열두 덩이로 시체를 조각내고, 그 조각을 보고 극도의 복수심을 갖게 하는, 전율할 만한 토막살인 사건이 벌어진 것, 요즘 용어로 표현하면 윤간 치사에 속한다. 너무 끔찍한 토막 살인 사건이 펼쳐진 것이다.

급기야 사사기 20장에 보면 시체를 본 11지파가 이스라엘 총회로 모인다. 그리고 어이없는 결의를 한다.

> "우리가 이스라엘 모든 지파 중에서 백 명에 열 명, 천 명에 백 명, 만 명에 천 명을 뽑아 그 백성을 위하여 양식을 준비하고 그들에게 베냐민의 기브아에 가서 그 무리가 이스라엘 중에서 망령된 일을 행한 대로 징계하게 하리라 하니라" (사사기 20:10)

첩을 죽인 베냐민 지파의 기브온 사람들을 몰살시키겠다는 것이다. 정당한 결의일까? 아니다. 그들은 먼저 제사장의 죄부터 물었어야 했다. 그런데 이런 절차가 전혀 없다. 묻지 않았다는 뜻이다. 왜냐하면 제사장에게 첩이 있었기 때문이다. 그리고 직무 유기한다. 그뿐이 아니다. 사람을 죽여 토막을 낸다.

너무 끔찍한 짓을 한 것인데 우리 사회도 별반 다르지 않다. 정치 지도자 중에 죄지은 전과자들이 너무 많고, 자숙하기보다는 오히려 더 큰소리를 치는 모습이 가관이다. 적반하장(賊反荷杖)이랄까? 자신의 죄는 인정하지 않고 변명과 남 탓으로 일관하며 남의 꼬투리 잡기에만 혈안이 된 것 같다. 20년 전에는 윤간치사 같은 기사가 신문에 실리면 그 기사를 보며 진저리를 쳤는데 지금은 별 감각이 없는 시대, 당시의 문제가 오늘날의 문제라는 것이 너무 기가 막힌다.

결국 감정의 흥분이 가져온 결과는 피비린내 나는 전쟁이었다. 한 사람의 잘못이 한 지파의 멸절로 이어질 수도 있는 끔찍한 전쟁을 초래한 것이다. 다음은 그 때 그들이 결정한 서원이다. "첫째, 멸절시킬 때까지 장막에 들어가지 않겠다, 둘째, 총회 불참자는 죽이겠다. 셋째, 딸을 베냐민 사람에게 주지 않겠다." 아예 씨를 말리겠다는 것인데 정당한 결의였을까? 아니다. 이건 기본적으로 하나님의 뜻에 어긋나는 어이없는 결의였다.

이런 것이 사사시대의 모습이다. 냉담과 우상숭배와 부도덕과 무질서의 시대, 정말 혼란스럽던 시대였다. 오늘날 우리 얘기 같아서 씁쓸한데 룻기는 시대적 배경이 같은 사사시대였지만 사사기와 내용이 너무도 대조적이다. 놀랍다. 사사기를 읽을 때는 온통 천지가 죄악으로 뒤덮인 것 같은데 비해 룻기는 어두운 시대적 배경과 달리 내용이 너무 맑고 깨끗하고 경건하다. 룻기를 읽어 나가며 가정마다 어두움을 물리칠 밝은 빛이 비치기를 기도한다.

모압으로 이주하다

성경 66권 중 여성 이름을 딴 제목의 성경은 딱 두 권뿐이다. 에스더서와 룻기, 더욱이 룻은 이방 여인이다. 그런데 룻기의 내용을 보면 주인공이 룻인지 나오미인지 헷갈린다. 오히려 나오미의 대사가 더 많고, 나오미가 더 주도적이다. 스토리가 그렇다. 두 여성이 하나가 되어 불행을 극복해내는데 매사의 주도권은 나오미에게 있었다. 그런데도 제목은 룻기, 그 이유는 성경이 다윗으로 이어지는 구원사에 초점을 맞추었기 때문이다.

이해를 돕기 위해 스토리의 시작을 다시 한 번 확인한다.

"사사들이 치리하던 때에 그 땅에 흉년이 드니라 유다

베들레헴에 한 사람이 그의 아내와 두 아들을 데리고 모압 지방에 가서 거류하였는데"(룻기 1:1)

요즘은 흉년이 들어도 나라가 책임지라고 난리인데 왕이 없었기 때문일까? 약속의 땅에 흉년이 들자 한 가정이 각자도생(各自圖生)의 자세로 이민을 갔다. 살길 찾아간 것이기는 하지만 모압으로 갔다는 것은 신앙적으로 문제가 있었다. 재미있는 것은 그들이 거주하던 베들레헴이 '떡집'을 뜻한다는 것, 아이러니하게 그 떡집 베들레헴이 먹을 떡이 없는 기근의 도시가 되어 먹고 살기 위해 떠났다는 것이다.

그런데 만일 성경이 말하는 '약속의 땅'을 끝까지 지키고 있었다면 어땠을까? 그랬다면 굶어 죽었을까? 아니다. 룻기를 볼 때 그들이 끝까지 지키고 있었다면 더 좋았겠다는 생각이 든다. 왜냐하면 베들레헴 사람들이 굶어죽지 않았을 뿐 아니라 오히려 풍족함을 누렸기 때문이다.

떠난 것도 문제였지만 더 큰 문제는 선택지가 하필이면 모압이었다는 것이다. 뜻밖이다. 성경을 읽어보면 룻기에서 모압이 아주 중요하게 다루어진다. 성경은 룻이 모압 여인이란 점을 명확히 했다. 짧은 책에서 모압이라는 단어가 무려 14번이나 나온다. 이스라엘과 사이가 좋지 못했던 모압, 암몬과 더불어 아브라함의 조카 롯의 두 딸에게서 기원한 족속이다. 문제는 출애굽 당시 모압이 술사 발람을 불러 이스라엘을 저주하려고 했다는 것이다. 당시 이스라엘은 우상숭배와 성적 타락으로 망할 뻔했다. 그래서 주신 말씀이다.

"암몬 사람과 모압 사람은 여호와의 총회에 들어오지 못하리니 그들에게 속한 자는 십 대뿐 아니라 영원히 여호와의 총회에 들어오지 못하리라" (신명기 23:3)

이스라엘은 왕국 내내 모압과 사이가 좋지 않았다. 포로기 이후 에스라, 느헤미야 시대에는 이스라엘 백성과 모압 간의 통혼이 문제가 되었다. 그때 개혁을 주도한 느헤미야의 말이다.

"그 날 모세의 책을 낭독하여 백성에게 들렸는데 그 책에 기록하기를 암몬 사람과 모압 사람은 영원히 하나님의 총회에 들어오지 못하리니" (느헤미야 13:1)

이방인과 결혼한 자들을 강제 이혼시키고 쫓아내는 조치를 취한 것이다. 그렇다면 룻기를 읽을 때 이 상황을 염두에 두어야 한다. 어떤 학자들은 룻기가 기록된 이유가 요나서와 같이 이방인에 대한 배타적 태도에 대한 반발이라고 한다. 이방인 문제가 룻기의 중요한 주제일 수 있다는 말이다. 모압 여인이지만 이스라엘인들보다 더 의리가 있는 룻, 결국 성경 최고의 인물 다윗 왕의 혈통을 낳는다. 그리고 여호와의 총회에 들어간다.

이 부문을 근거로 한국 교회의 타종교에 대한 배타적 태도와 성 소수자나 이슬람인들이나 이념적 반대 세력에 대한 적대적 태도를 버리라는 메시지라고 주장하는 사람들도 있는데 그런 주장은 지나친 오버, 억지라고 생각한다. 누구든 자신의 정치 성향에 따라 성경을 이용하려는 태도를 보이면 안 된다. 분명히 밝히는데 룻기는 이방인이라 해도 구원받을 수 있다는 것을 천명하고, 신앙 결단이 분명해야 함을 강조한 성경이지 타종교에 대한 태도나 성 소수자, 이슬람인들, 이념적 반대 세력에 대한 적대적 태도를 버리라는 메시지를 주는 책은 아니다.

나오미의 가정은 모압에 대한 이런 역사적인 무게를 몰랐을까? 여하튼 그들은 모압으로의 이민을 결정했고, 그곳에서 모압 여성 둘을 며느리로 얻기까지 했다. 물론 의도적 도발은 아니었을 것이다. 그저 이민지를 물색하다가 모압 땅이 가장 적당하다고 판단했던 것 같다. 그리고 거기서 살다보니 사람들도 괜찮은 것 같고, 눈에 드는 모압 여성들이 있어서 며느리로 삼았을 것이다. 하지만 이건 "암몬 사람과 모압 사람은 영원히 하나님의 총회에 들어오지 못하리니"라는 하나님의 말씀을 거역한 것, 하나님의 말씀을 거역한 것은 큰 후회를 낳을 수 있음을 알아야 한다.

그들이 무의식중에 이스라엘과 모압의 경계를 허물고 있고, 차별과 배타와 편견을 깨고 있다고 말하는 사람도 있지만 이방인에 대한 편견을 깨야 한다는 것은 맞는 말이다. 하지만 그곳도 사람 사는 곳이고 하나님의 은혜가 있다고 말하는 것은 무리한 주장이다. 보편적 은혜를 말하는 것은 이해하지만 성경은 "그곳에도 하나님의 은혜가 있다"고 말한 적이 없기 때문이다.

오히려 나오미는 "여호와의 손이 나를 치셨으므로"(룻기 1:13)라고 했고, "전능자가 나를 심히 괴롭게 하셨음이라"(룻기 1:20)라고 했을 뿐만 아니라 "여호와께서 나를 징벌하셨고 전능자가 나를 심히 괴롭게 하셨다"(룻기 1:21)고 했다. 그리고 21절 앞부분에서는 "내가 풍족하게 나갔더니 여호와께서 내게 비어 돌아오게 하셨다"고 했다. 묻는다. 이것도 다 은혜인가? 우기면 안 된다.

성경은 은혜는 베들레헴으로 다시 돌아왔을 때 누렸음을 분명히 밝히고 있다. 사랑도 좋고 공동의 연대 의식도 좋지만 싸구려 은혜는 곤란하다. 은혜 남발도 안 된다. 우리가 좋다며 의기투합해 이런 것이 하나님의 은혜라고 결정하면 그게 은혜 되나? 아니다. 나중에 결과적으로 룻이 큰 은혜를 입기는 하지만 결과만 좋으면 과정은 어떠하든 상관없는 것처럼 생각하면 안 된다. 지금은 달라졌지만 그 당시에는 모압으로 이주한 것도, 이방 여인과 결혼한 것도 해서는 안 될 일, 잘못된 처신이었다. 아니 더 큰 인생 흉년을 초래했던 악수(惡手)였다.

죽음이었다

주인공보다 비중이 더 큰 나오미의 남편 이름은 엘리멜렉이었다. 나오미는 '희락' '기쁨'이라는 뜻이고, 엘리멜렉은 '나의 하나님이 왕'이시라는 뜻, 신앙적인 이름이다. 그런데 주목할 것은 엘리멜렉의 이름 뜻이 룻기의 주제라는 것이다. 사사 시대, 인간 왕이 없지만 하나님을 왕으로 삼으면 희망이 있다는 것을 암시한다.

그런데 성경은 그 엘리멜렉이 이주한 지 얼마쯤 되었는지는 모르지만 일찍 죽었다고 한다. 또 더 충격적인 것은 엘리멜렉과 나오미의 두 아들도 모압 여인과 결혼하고 곧 둘 다 죽었다는 것이다. 말론과 기룐, 말론은 '질병'이라는 뜻이고, 기룐은 '허약함, 폐병'이라는 뜻인데 두 아들이 다 젊은 나이에 불행하게 죽었다. 대충 모압에 거주한 지 10년쯤 된 것 같다. 성경은 자식 하나 없이 두 아들이 다 죽었다고 한다.

나오미의 인생이 완전 나락으로 떨어졌다. 남편도 없고, 자식도 없고, 손주도 없고, 곁에는 이방 여인 둘밖에 없다. 나름 최선의 선택을 했다고 생각했는데 결과는 세 과부댁, 최악이다. 너무 끔찍하다. 모든 것을 다 잃었다. 오죽하면 베들레헴으로 돌아올 때 베들레헴 성읍 사람들이 긴가민가하며 "이게 정말 나오미인가?"라고 묻는다. 그만큼 얼굴이 상했던 모양이다. 아마 이걸 누구보다도 당자사가 더 잘 알았던 것 같다.

"나를 나오미라 부르지 말고 나를 마라라 부르라" (룻기 1:20)

나오미는 '사랑스러운 자, 달콤함'이라는 뜻이지만 마라는 '괴로움, 쓰다'는 의미, "나를 나오미라 부르지 말고 마라라 부르라"라고 한 것은 '내 인생은 실패'라고 인생 흉년을 탄식하고 있는 것이다.

나오미를 탄식하게 한 흉년, 일제시대라는 흉년을 맞고, 6.25와 IMF라는 흉년을 맞고, 코로나 팬데믹이라는 흉년을 겪었던 우리, 대통령의 계엄과 탄핵 이후 또 다시 맞은 정치 흉년이 끔찍하다. 그뿐인가? 지난해 여름, 우리는 기후재앙이라는 흉년이 얼마나 끔찍한지 그 맛을 보았다. 전문가들은 저마다 점점 더 대단할 것이라고 예측한다. 또 트럼프 발 관세 폭탄 투하로 더 심화된 세계적인 경제 흉년도 예측이 힘들 정도다. 과연 잘 감당할 수 있을까?

하지만 무엇보다 더 심각한 흉년은 '신앙 흉년'이다. 나오미는 모압으로 가지 말았어야 했다. 결과적으로 볼 때 그 선택은 세상적으로 헤쳐나가겠다고 변칙을 쓴 것, 잔머리 굴린 것에 불과한 잘못된 선택이었다.

우리도 누구든 선택의 순간을 맞는다. 나오미 가정을 보며 흉년이 오더라도 당황하지 말고 지켜야 할 원칙을 잘 지키는 것이 중요하다. 가능하면 끝까지 자리를 지키되 부득불 이주를 하더라도 하나님께서 경계하라고 하신 모압은 절대 안 된다는 자세여야 한다. 그리고 결혼도 잘해야 한다. 목사로서의 경험에 의하면 회복은 하나님 손에 달려있다. 그래서 끝까지 하나님을 신뢰하는 것이 중요하다. 이게 바로 풍년 인생을 맞는 비결이기 때문이다. 한 번밖에 없는 인생, 우리는 꼭 풍년 인생을 살아야 한다.

"나를 나오미라 부르지 말고 나를 마라라 부르라"

(룻기 1:20)

"…나더러 어머님 곁을 떠나라거나 어머님을 뒤따르지 말고 돌아가라고는 강요하지 마십시오. 어머님이 가시는 곳에 나도 가고, 어머님이 머무르시는 곳에 나도 머무르겠습니다. 어머님의 겨레가 내 겨레이고, 어머님의 하나님이 내 하나님 입니다. 어머님이 숨을 거두시는 곳에서 나도 죽고, 그 곳에 나도 묻히겠습니다. 죽음이 어머님과 나를 떼어놓기 전에 내가 어머님을 떠난다면, 주님께서 나에게 벌을 내리시고 또 더 내리신다 하여도 달게 받겠습니다…"

룻기 1:6-18 새번역 성경

02
룻의 결단

▼

▼

▼

우스갯소리 가운데 이런 이야기가 있다. 세상에서 자기 입이 가장 큰 줄로 생각한 개구리가 공중목욕탕에 갔다. 그 동네 동물들 사이에는 입이 작은 동물이 입이 큰 동물의 등을 밀어주는 관습이 있었기 때문이다. 자기 입이 제일 큰 줄로 생각한 개구리는 의기양양하게 목욕탕 문을 열고 들어가면서 "야. 와서 등 밀어!"라고 소리쳤는데 누군가 "니가 와서 내 등 밀어 인마!" 그런다. 둘러보니 악어였다. 개구리는 열심히 악어의 등을 밀었다.

너무 약이 오른 개구리는 다음 날 병원에 가서 성형수술을 받았다. 입을 더 크게 하는 수술을 받은 거다. 그리고 다시 목욕탕에 들어가면서 큰 소리로 "야. 와서 내 등 밀어!"하고 소리쳤는데 또 누군가 "니가 와서 내 등 밀어 인마!" 그런다.

둘러보니 친구 집에 놀러 왔다가 목욕탕에 온 하마였다. 개구리는 그 날 또 하마의 등을 밀었다.

속이 상할 대로 상한 개구리는 어떤 방법을 동원해서라도 입을 가장 크게 만들어야겠다고 결심하고 다시 병원에 갔다. 의사가 개구리에게 "절대로 안 돼요. 더 이상 찢으면 죽어요. 24시간밖에 살지 못하고 죽는다고요"라며 극구 만류했다. 그런데도 개구리는 죽어도 좋다며, 소원이라며 수술해 달라고 애원해 결국 의사가 더 이상 찢을 수 없을 때까지 찢어주었다. 개구리는 위풍당당하게 목욕탕으로 갔다. 그런데 입구 문에 붙은 안내 글을 보고 그만 까무라치고 말았다. "개인 사정으로 금일 휴업!"

목숨, 걸어야 할 것에 거는 것이 중요하다. 룻기에 목숨을 건 여인이 등장한다. 룻이다. 귀향을 결심한 시어머니 나오미가 축복기도를 해주며 모압으로 돌아가 살길을 찾으라고 강권했지만 왠지 시어머니가 멋있어 보였을까? 아니면 존경하며 늘 그 곁을 지켜야 할 롤모델로 여겼을까? 죽어도 같이 죽겠다며 시어머니를 따라나선다.

부귀영화는커녕 고생길이 열리는 것, 얼떨결에 짐 싸 들고 따라나섰다. 동서 오르바는 시어머니 나오미의 강권에 따라 자기 고향 모압으로 돌아갔지만 룻은 끝까지 어머님 따라가겠다고 굳게 결단한 것이다. 고생이 언제 끝난다는 보장도 없는 모험, 젊은 사람이 너무 착한 걸까? 아니면 앞뒤 분간을 못 하는 무모한 멍청이일까? 룻의 결단이 돋보인다.

베들레헴으로 가겠다

룻은 모압 여인이다. 모압은 신명기 23장 3-6절에 의하면 하나님이 저주하셨고, 영원히 여호와의 총회에 들어갈 수 없는 하나님과 하나님 백성의 원수였고, 옛날 이스라엘 백성이 출애굽하여 가나안땅으로 가고 있을 때 길을 내주지 않고 오히려 거짓 선지자 발람을 불러들여 저주하려고 했던 민족이다. 그들은 그래도 안 되니까 모압 여인들로 하여금 유혹하여 음란죄를 범하게 해 하나님의 백성들로 하여금 징계를 받게 했던 민족이었고, 사사기 3장에 의하면 18년 동안 이스라엘을 압제했던 사람들이기도 하다.

> "이에 이스라엘 자손이 모압 왕 에글론을 열여덟 해 동안 섬기니라"(사사기 3:14)

또 베들레헴으로 가는 것은 나오미 입장에서는 컴백이지만 룻 입장에서는 본토, 친척, 아버지 집을 떠나는 이주, 아무도 환영해주지 않을 가능성이 크다. 아니 환영은커녕 어떤 냉대를 당할지 예측할 수조차 없다. 무시당하거나 멸시 천대를 당하거나 어쩌면 제 명을 다 살지 못할 수도 있다.

더욱이 지금 시어머니나 자신은 빈털터리, 도와줄 사람도 없다. 고향에 남아 있으면 그래도 누군가의 도움을 받을 가능성이 있지만 아는 사람 하나 없는 곳으로 가 젊은 사람이 수절하며 살아야 한다. 외로울 게 뻔하다. 망한 시어머니, 동네 사람들은 남편 잡아먹은 여자라고 다들 한마디씩 할지도 모른다. 아니 옛날 우리 조상들이었다면 고려장을 치를 만한 상황, 발걸음이 잘 떨어졌을까? 이제 가면 언제 다시 고향 산천을 밟을 수 있을지 기약도 없다.

그런데 남편과 사별하고 두 아들과 사별하는 인생의 가장 큰 스트레스를 느끼고 견디다 못해 혈혈단신으로 귀향하겠다는 시어머니, '마라'(מָרָה, '고통', '쓰다'는 뜻)라고 표현된 절망과 고독과 우수에 젖은 인생 말로의 그 시어머니를 버리고 차마 모압으로 돌아갈 수 없다. 이게 바로 시어머니를 자기 어머니처럼 생각하는 착한 며느리의 마음이다. 하지만 이 결단은 행복을 포기한 결단, 어쩌면 그날따라 날아가는 철새들 울음소리마저 구슬프게 들렸을 수도 있다. 그럼에도 불구하고 룻은 시어머니를 따라 기어이 베들레헴으로 가겠다고 굳게 결심한다.

행복을 포기하겠다

처음에는 동서 오르바도 룻과 같이 완강히 거부했다(룻기 1:10). 하지만 나오미가 모압으로 돌아가야 할 이유를 대며 설득하고, 여성들의 운명이 어떠함을 잘 보여주자 그들은 소리를 높여 함께 울었다. 이 표현이 9절과 14절 두 번밖에 나오지 않지만 1장은 그야말로 눈물바다였다. 기구한 운명, 장례를 치르고 치르고, 또 치르면서 울고, 울고, 울었는데, 지금 세 과부가 또 다시 서로를 마주 보며 서글프게 운다. 얼마나 울었을까?

오르바의 생각이 바뀐다. 시어머니와 입 맞추고 모압으로 돌아간다. 눈물로 범벅이 된 슬픈 이별, 하지만 재혼해서 행복의 길을 찾고 싶다는 본능에 따라 오르바가 돌아간 거다. 이 과정에서 서로 상대방을 설득하고 굴복시키려고 애쓰는 치열한 논쟁이 너무 아름답다.

나오미가 절반은 승리했지만 룻 설득에는 실패했다. 성경은 룻이 나오미를 '붙좇았다'고 했다(룻기 1:14). 이 단어는 히브리어로 '다바크'(דבק), '붙다' '착 달라붙다' '접착하다' '하나가 되다'라는 뜻, 두 물체가 물리적으로 딱 달라붙어 떨어지지 않는 상태를 나타내는 단어이다. 이렇게 바짝 달라붙는 룻에게 나오미가 또 권한다.

"보라 네 동서는 그의 백성과 그의 신들에게로 돌아가나니 너도 너의 동서를 따라 돌아가라 하니"(룻기 1:15)

행복을 포기한 걸까? 시어머니가 돌아가라고 재촉함에도 기어이 이 한(恨) 많은 어머니, 곤궁에 처한 초라한 노인네를 끝까지 따라가겠다고 고집을 부린다.

"내게 어머니를 떠나며 어머니를 따르지 말고 돌아가라 강권하지 마옵소서 어머니께서 가시는 곳에 나도 가고 어머니께서 머무시는 곳에서 나도 머물겠나이다"(룻기 1:16)

여기서 끝이 아니다. 룻은 한 걸음 더 나아간다.

"어머니께서 죽으시는 곳에서 나도 죽어 거기 묻힐 것이라 내가 죽는 일 외에 어머니를 떠나면 여호와께서 내게 벌을 내리시고 더 내리시기를 원하나이다 하는지라"(룻기 1:17)

고대 여성들은 남편이나 그 아들에 기대어 살아야 하는 운명이었다. 그래서 시어머니 나오미는 함께 베들레헴에 가도 자기가 줄 수 있는 씨가 없다고 한다. 자신은 너무 늙어 결혼할 수도 없고, 설사 결혼해서 아들을 낳는다고 해도 너무 오래 기다려야 한다며 모압으로 돌아가 다시 재혼해서 행복하게 살라고 한다.

여기서 짚고 넘어가야 하는 것은 당시의 생활풍습이었던 '계대결혼'(繼代結婚)이다. 이 계대결혼은 남편이 사망한 후 미망인이 남편의 형제 중 한 사람과 재혼하는 취수혼(娶嫂婚), 레비레이트혼(levirate)을 가리킨다. 구약성경 신명기에서 이 제도가 잘 설명된다.

> "형제들이 함께 사는데 그중 하나가 죽고 아들이 없거든 그 죽은 자의 아내는 나가서 타인에게 시집 가지 말 것이요 그의 남편의 형제가 그에게로 들어가서 그를 맞이하여 아내로 삼아 그의 남편의 형제 된 의무를 그에게 다 행할 것이요 그 여인이 낳은 첫아들이 그 죽은 형제의 이름을 잇게 하여 그 이름이 이스라엘 중에서 끊어지지 않게 할 것이니라" (신명기 25:5-6)

이 제도는 죽은 자의 이름을 잇게 해주고, 가문의 재산을 보존하거나 홀로 남은 여성을 보호하는 것이 목적이었다. 고구려 10대 왕이었던 산상왕(山上王) 때 고구려에서도 왕실이 형제상속에서 부자상속으로 전환하는 시기에 왕실 강화를 위해 취수혼을 시행했던 것으로 전해지기에 이상하게만 여길 제도는 아니다.

이 계대결혼을 포함한 고엘 제도는 룻기의 주요 소재였다. 고엘 제도에 대해서는 추후 구체적으로 살펴보겠지만 주목할 것은 룻기에서는 이 고엘 제도의 의무조항이 친척에게까지 확대되었다는 것이다.

들판에서 이삭을 줍던 룻이 어느 날 보아스라는 남자를 만난다. 룻과 나오미는 보아스를 생명줄로 여긴다. 룻이 시모 나오미를 '붙좇았다'라고 한 것처럼 룻과 나오미가 이때부터 보아스를 붙좇는다. 그리고 악착같은 생명의 의지로 보아스와 재혼한다. 룻은 결국 세상에서 재혼을 가장 잘한 여인이 된다. 부정적으로 나오미와 룻이 작당하여 보아스라는 남자를 홀렸다는 신학자도 있지만 이는 하나님의 은혜를 세속적 남녀의 불륜처럼 오해하게 만드는 위험한 해석이다.

은혜를 알아야 한다. 그리고 하나님의 섭리를 알아야 한다. 결국 이 만남으로 다윗의 혈통이 이어진다. 생존을 위한 필사의 노력으로 볼 수도 있지만 성경이 주는 메시지는 단순한 생존 차원이 아니다. 성경은 룻의 보아스와의 재혼을 구속사와 하나님의 뜻이 실현되는 과정으로 다룬다.

구약성경의 첫 책인 창세기에도 유사한 이야기가 등장한

다. 38장에 나오는 유다의 며느리 다말의 이야기이다.

가나안 사람인 다말은 유다의 장남 엘과 결혼했던 유다의 맏며느리였다. 그런데 이방인과의 결혼이었기에 하나님이 악하게 보고 장남 엘을 죽이셨다. 장남이 죽자 차남 오난에게 가계가 이어질 수 있도록 형사취수법을 따르게 했지만 오난은 아들을 낳아도 자기 아들이 아니라 형의 아들이 되니까 제도대로 이행하지 않았다. 하나님이 이를 악하게 보시고 둘째 아들 오난도 죽이신다. 연이어 두 아들이 죽자 유다는 셋째 셀라에게는 형사취수법 대로 행하려 하지 않는다. 다말에게 친정으로 가서 수절하고 셋째 셀라가 클 때까지 기다리라고 둘러댄다. 성경은 유다가 셋째 아들마저 죽을까봐 염려해서 그랬다고 한다.

얼마가 지났는지는 모르지만 다말은 시아버지 유다가 셀라가 장성했음에도 불구하고 형사취수법을 이행하지 않는 것을 보고 매춘녀로 분장해서 시아버지 유다와 동침하고 임신을 한다. 너무 낯 뜨거운 일, 뒤늦게 이 사실을 알게 된 유다가 대노하여 며느리 다말을 죽이려 하자, 다말이 바로 당신의 씨라고 밝힌다. 그때 유다가 다말에게 한 말이다.

"그는 나보다 옳도다 내가 그를 내 아들 셀라에게 주지 아니하였음이로다" (창세기 38:26)

여기서 '옳도다'는 '체다카'(צְדָקָה)라는 단어, '표준에서 벗어나지 않은 것' '법도를 바르게 지키는 것' '의롭다'라는 뜻이다. 무엇이 의롭다는 뜻이었을까?

　동양사회의 잣대로는 상놈 같은 짓, 패륜적 행동이다. 하지만 성경은 의롭다고 평가한다. 다말은 이를 통해서 베레스와 세라를 낳았고, 그들을 통해 유다 가문이 이어졌기 때문이다. 부도덕한 다말의 행동이 유다 아들 엘의 이름을 살렸을 뿐만 아니라 구원사를 잇게 했다. 윤리에 앞서는 것이 생존인데, 이 생존은 단순한 생존이 아니라 구원사를 잇게 한 생존이었다. 다말의 결단이 결국 하나님의 뜻을 이루는 도구가 된 것이다.

　마찬가지다. 룻과 나오미, 하나님 은혜를 입고 생존하게 되었을 뿐만 아니라 결국 하나님의 뜻을 이루며, 두고두고 빛나는 가문을 이루게 된다. 하지만 여기서의 룻의 결단은 분명 행복을 포기한 엄청난 결단, 높이 평가할 수밖에 없다.

어머니와 함께하겠다

　성경은 오르바도 처음에는 따라나섰던 것을 분명히 밝히고, 모압으로 돌아간 것도 비난하지 않는다. 하지만 오르바의 선택이 합리적 선택이었다면 룻의 선택은 눈물의 길, 결코 가고 싶지 않은 좁은 길이었다. 그런데 결과적으로 보면 최고의 선택, 룻의 선택은 빛나는 선택이 된다. 오르바가 지평선 너머로 사라진 후에도 '아낌없이 주는 나무'처럼 나오미가 룻에게 "너도 가라"고 재촉했음에도 불구하고 룻은 꿈쩍도 하지 않고 매몰차리만큼 당차게 고백한다.

> "어머니께서 가시는 곳에 나도 가고 어머니께서 머무시는 곳에서 나도 머물겠나이다 어머니의 백성이 나의 백성이 되고 어머니의 하나님이 나의 하나님이 되시리니 어머니께서 죽으시는 곳에서 나도 죽어 거기 묻힐 것이라 만일 내가 죽는 일 외에 어머니를 떠나면 여호와께서 내게 벌을 내리시고 더 내리시기를 원하나이다" (룻기 1:16-17)

사랑한다면 함께하는 것, 힘들어도 함께하고, 즐거울 때나 고통스러울 때도 함께하는 것, 룻의 이 결단은 마치 결혼식 때 신랑 신부가 하는 서약 같다. 또 '어머니' 대신 그 위치에 '예수님'을 넣어서 읽어보면 이건 멋진 신앙고백이다.

앞에서 "붙좇았다"는 단어에 대해 살펴봤는데 이 단어는 창세기에서 아담과 하와의 결합에 사용되었던 단어이다. "남자가 부모를 떠나 그의 아내와 합하여 둘이 한 몸을 이룰지로다" 여기 '합하여'와 같은 단어, 이 단어가 둘이 하나가 되었음을 보여주는 단어라면 그만큼 룻의 의리가 대단했다는 뜻 아닌가? 아마 생존의 위기가 둘을 이렇게 강하게 연대하게 만들었던 것 같다.

N포 세대가 계속 늘어나고 있다. 처음에는 연애, 결혼, 출산을 포기하는 3포 세대 정도였는데 어느덧 9포 세대까지 있는 것 같다. 연애도, 결혼도, 출산도, 내 집 마련도, 인간관계도, 꿈도, 희망도, 외모도, 건강도 포기하는 세대, 9포 세대는 가장 우울한 계층, K세대라 부르기도 한다.

그런데 몇 포가 되든 공동체는 필요하다. 인간은 홀로 설 수 없는 존재, 함께해야 없던 힘도 생기고 위기도 견딜 수 있다. 교회도 마찬가지다. 어떤 분들은 기독교 교리나 예수님의 말씀은 좋은데 기독교인들이 싫어서 교회가 싫다고 한다. 그래서 일명 '가나안 신자', 교회는 '안 나가'를 반대로 쓰는 건데, 혼자 기도하고, 혼자 말씀 읽고, 혼자 신앙생활 하겠다는 거다. 하지만 그런 사람은 아무리 큰소리쳐도 곧 신앙을 버릴 가능성이 높다. 잘 타던 장작도 떼어놓으면 곧 꺼지고 마는 것과 같을 수 있기 때문이다.

신앙은 가치관 싸움이자 악한 영들과의 투쟁이다. 그래서 긴 싸움, 모여서 함께 기도하며 함께 찬양하며 서로를 격려해야만 지치지 않고 이길 수 있다. 말 한 마리가 끄는 힘을 1마력이라 하고, 두 마리가 끄는 힘을 2마력이라 한다. 그런데 이게 한 마리가 끄는 힘이 2톤이고, 두 마리가 끄는 힘은 4톤이란 말이 아니다. 말 두 마리가 끄는 힘은 무려 24톤, 시너지 효과라는 것인데 대단하지 않나?

연합(Unity)과 조화(Harmony)와 협력(Cooperation)이 시너지의 원리이다. 연합이 팀의 힘이라면 조화는 함께 어울리는 힘이고, 협력은 같은 방향으로 나아가는 힘이다. 가정도 교회도 이게 필요하다. 힘들 때 옆에서 도와주고, 풍족할 때 다른 사람을 돕고, 서로 격려하면 서로 힘이 나는 것, 그때 사랑도 불붙고, 신앙도 불붙는다.

룻의 결단, 결심 한번 잘한 정도가 아니라 엄청난 결단이었다. 민족을 버리고, 종교를 버리고, 고향을 버리는 것이 쉬운 일인가? 마치 아브라함이 고향, 친척, 아비 집을 버리는 결단과 같다. 아니 아브라함의 결단에는 하나님의 약속이 있었지만 룻의 결단에는 하나님의 약속도 없다. 그래서 더 대단한 것, 어떤 약속이나 어떤 보장도 없는 결단, 그저 어머니를 봉양하겠다는 일심으로 내린 빛나는 결단이었다.

그런데 여기서 한 가지 더 주목해야 할 사항이 있다.

"어머니의 백성이 나의 백성이 되고 어머니의 하나님이

나의 하나님이 되시리니"(룻기 1:16)

룻의 결단은 신앙의 결단을 내포한 위대한 결단이었다. 이게 바로 하나님이 룻에게 복을 주신 이유였다.
나오미에게 선대(善待)하는 룻을 하나님께서 선대하신다.

"너희가 죽은 자들과 나를 선대한 것 같이 여호와께서 너희를 선대하시기를 원하며"(룻기 1:8)

여기서 '선대'는 히브리어로 '헤세드'(חֶסֶד), 변치 않는 관계와 사랑을 전제한다. 헤세드의 여인 룻은 그 헤세드로 남편을 얻고, 아들을 얻고, 결국은 여호와를 얻는다. 우리에게도 헤세드가 필요하다. 우리 사회가 생각이 다른 사람들을 지나칠 정도로 무시하고 냉대하기 때문이다. 가족들은 물론 이웃들, 특히 생각이 다른 사람까지 선대하며 살아야 한다. 그래야 하나님의 헤세드를 받고, 그래야 사랑의 열매를 맺는다. 룻과 같은 빛나는 결단으로 사랑의 마음이 풀(full) 충전되어야 한다.

"너희가 죽은 자들과 나를 선대한 것 같이

여호와께서 너희를 선대하시기를 원하며"

(룻기 1:8)

"어느 날 모압 여인 룻이 나오미에게 말하였다.
'밭에 나가 볼까 합니다. 혹시 나에게 잘 대하여 주는 사람을
만나면 그를 따라다니면서 떨어진 이삭을 주울까 합니다'…
그가 간 곳은 우연히도 엘리멜렉과 집안간인 보아스의
밭이었다…

(중략)

보아스가 일꾼들을 감독하는 젊은이에게 물었다.
'저 젊은 여인은 뉘 집 아낙인가?'.

(중략)

보아스가 룻에게 말하였다. '여보시오. 새댁, 내가 하는 말을
잘 들으시오. 이삭을 주우려고 다른 밭으로 가지 마시오.
여기를 떠나지 말고, 우리 밭에서 일하는 여자들을 바싹
따라다니도록 하시오'"

룻기 1:22-2:13 새번역 성경

03
은혜받은 룻

▼
▼
▼

시어머니를 따라 베들레헴에 도착한 룻, 시어머니 나오미에게 베들레헴은 고향이지만 모압 여인인 룻에게는 낯선 땅이었다. 앞으로 무슨 일을 하며 시어머니와 함께 살지 막막하다. 무엇을 해도 이곳에서는 주목받을 수밖에 없는 이방인, 그것도 하나님과 이스라엘 백성들의 원수의 나라 사람, 사람들은 저주받은 종족인 모압 여인 룻을 '모압 여자'라고 부른다. 그리고 어떤 사람들은 그저 '나오미의 며느리'라고 부르는 과부댁의 젊은 과부, 우리 식으로 말하면 '모압댁'이라는 말이다.

1장 21절의 '비어 돌아온'이라는 표현대로 빈털터리, 가진 것 하나 없이 베들레헴으로 왔다. 하지만 성경은 그때가 보리(barley) 추수기라고 했다.

"나오미가 모압 지방에서 그의 며느리 모압 여인 룻과 함께 돌아왔는데 그들이 보리 추수 시작할 때에 베들레헴에 이르렀더라" (룻기 1:22)

빈손으로 돌아왔지만 그래도 겨울이 지나고 봄이 왔다는 희망이 깃든 표현이 '보리 추수를 시작할 때', 보리가 누렇게 익어 온통 황금 들판이다. 룻은 거기서 보아스를 만나 꿈에도 생각지 못했던 은혜를 받는다.

이삭줍기

베들레헴으로 온 룻에게는 모든 것이 다 낯설었다. 특별히 이상한 행동을 하지 않아도 다르게 생긴 젊은 모압 여인, 사람들의 시선이 두려울 수밖에 없다. 그런데 집안에만 칩거할 수도 없다. 당장 먹을 양식이 없기 때문이다.

다행인 것은 보리 수확기, 룻은 시어머니 나오미의 허락을 받고 땅에 떨어진 보리 이삭을 줍기 위해 인근 밭으로 나간다.

"내가 밭으로 가서 내가 누구에게 은혜를 입으면 그를 따라서 이삭을 줍겠나이다" (룻기 2:2)

쉬운 일 아니다. 수모나 봉변을 당할 수도 있다. 그리고 남에게 아쉬운 소리를 하는 것도 쉽지 않다. 그래도 용감하게 밭으로 나간다. 꼭 이삭을 줍겠다는 것이다. 이삭줍기, 2장에 여러 번 나오는 동사인데 이것은 한 마디로 '은혜'라고 해야 할 것이다. 2장의 핵심 단어는 '이삭줍기'이지만 이보다 더 큰 2장의 핵심 단어는 '은혜'이다.

고대 이스라엘에서 굶어 죽는 것을 막기 위해 추수 때 떨어진 이삭을 거두지 않고 가난한 사람들이 줍도록 한 것은 하나님의 명령이었다. 성경 두 곳에 나오는데 레위기와 신명기 말씀이다.

"너희 땅의 곡물을 벨 때에 너는 밭모퉁이까지 다 거두지 말고 너의 떨어진 이삭도 줍지 말며 너의 포도원의 열매를 다 따지 말며 너의 포도원에 떨어진 열매도 줍지 말고 가난한 사람과 타국인을 위하여 버려두라 나는 너희 하나님 여호와니라"(레위기 19:9-10)

"고아와 과부를 위하여 정의를 행하시며 나그네를 사랑하여 그에게 떡과 옷을 주시나니 너희는 나그네를 사랑하라 전에 너희도 애굽 땅에서 나그네 되었음이니라"(신명기 10:18-19)

가난한 사람, 타국인, 그리고 고아와 과부들이 목숨을 연명할 수 있도록 하나님은 추수할 때 밭모퉁이는 거두지 말고, 이삭도 줍지 말고 내버려 두라고 하셨다. 마치 예전에 시골에서 까치밥을 남겨둔 것과 비슷하다.

이삭줍기, 어찌 보면 동냥으로 볼 수도 있다. 하지만 룻은 아랑곳하지 않는다. 룻에게 체면 따위는 사치, 그럴 여유가 없다. 그래서 무작정 밭으로 나간다.

그러나 룻이 "내가 누구에게 은혜를 입으면"(룻기 2:2)이라고 말한 것을 보면 아무 밭에 들어가 이삭을 주울 수는 없었던 것 같다. 마음씨 좋은 사람 밭이어야 한다. 더욱이 모압 여인이라면 그냥 타국인이 아닌 것, 쫓겨날 조건이 충분하다. 그래서 특별히 은혜를 베풀어줄 밭 주인을 만나야만 한다. 좋은 밭 주인을 만난다는 보장은 없지만 룻은 당찬 여인, 아마 "나는 바울의 지혜를 구하지 않습니다. 베드로의 능력을 구하지도 않습니다. 오, 하나님! 나는 회개하는 강도에게 주셨던 그 은혜를 구합니다" 지동설을 주장한 천문학자 코페르니쿠스(Nicolaus Copernicus)의 무덤 비석에 새겨진 비문 내용 같은 심정이었을 것이다.

그저 은혜를 기대하며 용감하게 밭으로 나갔다. 그런데 그 밭이 보아스의 밭이었다.

"우연히 엘리멜렉의 친족 보아스에게 속한 밭에 이르렀더라" (룻기 2:3)

성경은 '우연히'라고 했지만 스토리를 보면 우연이 아니다. 하나님이 보아스의 밭으로 인도하신 것, 이것은 하나님의 섭리였다. 여기서 팁이다. "하나님께서는 우연인 것처럼 우리를 인도하실 때가 많다는 거다." 그래서 매 순간이 소중한 것이다.

그리고 성경은 마침 보아스가 밭에 나왔다고 했는데 사환들이 주인을 닮았을까? 이미 모압 여인 룻에게 이삭을 줍게 했다. 친절하다. 주인을 닮은 것 같다.

"나오미와 함께 모압 지방에서 돌아온 모압 소녀인데 그의 말이 나로 베는 자를 따라 단 사이에서 이삭을 줍게 하소서 하였고 아침부터 와서 잠시 집에서 쉰 외에 지금까지 계속하는 중이니이다" (룻기 2:6-7)

이삭을 줍는 룻의 모습은 프랑스의 국민화가 장 프랑수아 밀레(Jean-François Millet)의 두 명작을 연상하게 한다.

첫째는 '이삭 줍는 여인들'(The Gleaners)이라는 작품이다. 널리 알려진 그림인데 세 명의 여인이 이삭을 줍는다. 얼굴은 보이지 않고 두 여인은 머리를 땅에 처박듯이 허리를 굽히고 있다. 그중 한 여인은 허리가 아픈지 허리에 손을 얹고 있고, 또 다른 한 여인은 허리를 펴고 이삭을 추스른다. 그런데 전체적인 분위기는 바탕이 파스텔톤의 노란 색이라 '평온한 추수 풍경'으로 볼 수도 있지만 여인들의 등을 밝히는 햇빛이 마치 '하나님의 은혜'를 표현하는 것 같다.

그리고 자세히 보면 여인들의 손이 투박하다. 마치 시커먼 솥뚜껑 같다. 오른편 위쪽으로 멀리 말을 탄 지주의 모습이 보이고, 그 곁에는 농부들이 떼를 지어 추수를 한다. 하지만 농사를 짓지 못할 만큼 가난해서 먹거리를 찾아 떨어진 보리 이삭을 줍고 있는 여인들의 모습에 고단한 삶이 고스란히 드러난다. 룻이 바로 이런 모습이지 않았을까 싶다.

또 한 작품은 '만종'(Angelus)이다. 왠지 모르지만 60~70년대 이발소에 이 그림이 걸려있었다. 그림은 전원적이고 신앙적이고 평온해 보인다. 황혼녘에 멀리서 들려오는 교회의 종소리에 부부가 하던 일을 멈추고 경건하게 마주 서서 기도를 드린다. 일을 마칠 무렵 감사기도를 드리는 것 같은 그 모습이 참 아름다워 보인다. 하지만 색감이 많이 흐리고 어둡고 우울하다. 슬픈 이야기가 숨어있기 때문인 것 같다.

파리의 루브르 미술관(Louvre Museum)은 자외선 투사 작업을 통해 바구니 속의 감자가 초벌 그림에서는 어린아이의 관이

였음을 입증했다. 원래 그 바구니에 아기 시체가 들어있었다는 것이다. 배고픔을 참지 못해 죽은 아기, 그 아기를 위해 마지막으로 기도하는 부부의 모습을 그렸다는 것, 그래서 가난한 농부 부부를 옷은 허름하고, 손과 발이 뭉툭하고, 얼굴은 흐릿하게 그렸다는 것이다.

어려운 시절, 룻처럼 절박한 사람이 너무 많다. 룻처럼 은혜를 기대해야 한다. 골목 상권까지 장악하는 대기업들이 중소기업이나 소상공인들을 조금이라도 생각한다면, 또 날마다 편 가르기만 하는 정치인들이 정말 국민들이 안심할 수 있도록 회복을 위한 정책대결로 제대로 의정활동을 하기만 한다면 좀 더 나은 살길이 열릴 것이다. 이삭줍기조차 힘든 시절이지만 기억하라. 룻에게 이삭줍기는 한 단어로 '은혜'였다.

보아스 줍기

이삭을 줍던 룻이 보아스를 만난다. 2장 1절에 의하면 그는 "엘리멜렉의 친족 중 유력한 자"였다. 아직 나오미도 룻도 만난 적 없는 사람, 아니 잘 알지도 못하는 인물이다. 두 사람이 너무 어려운 처지라 상당한 재력가가 도와야 할 형편이라 그랬을까? 성경 기록자는 서둘러 보아스를 소개한다. 3절의 "엘리멜렉의 친족 보아스"라는 소개만 해도 충분할 것 같은데 굳이 1절에서 "나오미의 남편 엘리멜렉의 친족, 유력한 자 보아스"라고 먼저 그의 소개를 넣었다.

'엘리멜렉의 친족', 그리고 힘도 있고 재력도 있는 '유력자', 히브리어 "이쉬 깁보르 하일"(אִישׁ גִּבּוֹר חַיִל)은 능력 있는 사람이라는 의미다. 구원자의 등판, 가난한 신데렐라의 운명을 바꾸어줄 왕자와 같은 영웅의 출현이다. 룻이 귀인(貴人)을 만난 것이다.

만남의 비결은 신실함이다. 밭에 나간 보아스의 눈에 낯선 소녀가 보여 누군지 물었을 때 사환이 보고한 내용이 그렇다.

> "아침부터 와서는 잠시 집에서 쉰 외에는 지금까지 계속하는 중이니이다" (룻기 2:7)

'아침부터 지금까지', 신실하다는 말이다. 시골에서도 외진 곳, 가만히 있어도 구설수에 오를 수밖에 없는 모압 여인, 2장 10절에 보면 "룻이 엎드려 얼굴을 땅에 대고 절하며 그에게 이르되 나는 이방 여인이거늘" 그리고, 13절에서는 "내 주여 내가 당신께 은혜 입기를 원하나이다 나는 당신의 하녀 중의 하나와도 같지 못하오나", 스스로도 비천하게 여기는 사회적 약자, 위축될 수밖에 없다.

그런데 보아스 보기에 룻은 너무 착하고, 너무 예쁘다. 호감이 간다.

> "네가 시어머니에게 행한 모든 것과 네 부모와 고국을 떠나 전에 알지 못하던 백성에게로 온 일이 내게 분명히 알려졌느니라" (룻기 2:11)

소문도 좋다. 여기서 생각할 것은 소문이 매우 중요하다는 것이다. 공감한다면 습관적으로 좋은 말을 하고, 적극적으로 좋은 말을 해야 한다.

얼마나 사랑스러웠던지 보아스가 말한다.

> "내 딸아 들으라 이삭을 주우러 다른 밭으로 가지 말며 여기서 떠나지 말고 나의 소녀들과 함께 있으라" (룻기 2:8)

"다른 밭으로 전전긍긍하지 말고 내 밭에서만 주우라"며 은혜를 베푼 거다. 결국 룻은 이삭줍기 정도가 아니라 진짜 기대하던(?) 보아스를 줍는다.

이때 보아스가 한 말의 핵심은 히브리어로 '다바크'(דבק), '꼭 붙어있으라'라는 말이다. 1장 14절에서 룻이 시어머니를 '붙좇다'라고 할 때 썼던 바로 그 단어, 이 단어가 룻의 성품을 가리킨다. '다바크', 끝까지 붙어있어야 은혜받는다는 거다. 하마터면 떠돌이 이삭줍기 신세가 될 수도 있었는데 룻이 안정된 일자리를 얻은 것, 보아스가 '이쉬 깁보르 하일' '힘있는 사람'답게 바로 일자리를 제공하는데 아예 자리를 고정시켜 줌으로써 이 밭 저 밭 기웃거리며 구차하게 부탁하지 않아도 된 것이다.

운명적인 만남, 앞에서 이 만남을 '우연히'라고 했지만 우연이란 것은 현재적인 시각으로만 보는 것, 미래적 관점에서 보면 우연이 아니라 이 만남은 '필연'이었다. 마치 우연이 필연으로 발전하는 과정이었던 것 같다. 여기서 팁은 "우리 삶에서 일어나는 숱한 우연을 그냥 지나치면 안 된다"는 것이다. 왜냐하면 얼마든지 필연일 가능성이 있기 때문이다. 룻이 보아스를 주운 것은 예수님의 족보에까지 등재시키려는 하나님의 계획, 그날 룻이 받은 은혜는 너무도 큰 하나님의 은혜였다.

기쁨 충만

룻을 본 보아스의 첫 느낌이 너무 좋다. 첫눈에 반했을까? 2장 8절에 보면, 호칭이 '내 딸'이다. 그만큼 사랑스럽다는 것을 의미하는 호칭이다. 보아스에게 호감이 생겼다는 것인데 룻의 외모 때문일까? 아니다. 빈털터리로 돌아온, 망한 여인의 외모라면 초라했을 것이다. 성경도 룻을 미인으로 소개하지 않는다. 그런데도 예쁘게 보이는 이유는 너무 착하기 때문이다. 이게 중요하다. 호감이 생겼기 때문에 예쁜 것, 만일 비호감이거나 최소한의 관심도 없었다면 아무리 예쁜 짓을 해도 밉게 보였을 수 있다.

동냥하러 온 사람을 좋게 본 보아스는 과연 어떤 사람인가?

> "보아스가 베들레헴으로부터 와서 베는 자들에게 이르되 여호와께서 너희와 함께하시기를 원하노라 하니 그들이 대답하되 여호와께서 당신에게 복 주시기를 원하나이다 하니라" (룻기 2:4)

사람들이 만날 때 서로 인사하는 것이 당연하지만 서로가 인사한 것을 성경에 이렇게까지 기록한 것은 드문 경우, 그런데 보아스와 베는 자들이 서로 인사를 했다고 성경이 기록한다. 룻기가 짧은 책이기에 상투적이고 일상적인 인사는 아닐 것 같다.

"여호와께서 너희와 함께하시기를 원하노라", 보아스는 자기가 거느리는 사람들에게 먼저 인사했을 뿐만 아니라 정중하게 복을 빌어 준다. 멋지다. 아랫사람이라 하대할 수도 있었는데, 함부로 대하지 않는 사람, 그는 한 마디로 젠틀맨이다. 맞다. 우리도 보아스처럼 인사를 잘해야 한다. 처음 만나는 사람이든 자주 본 사람이든 사람은 인사만 잘해도 좋은 인상을 줄 수 있기 때문이다.

젠틀맨 보아스, 한 명 한 명 추수하는 사람들을 둘러보다 낯선 룻을 발견한다. 사환을 불러 누군지 확인한다. 자기 밭에서 일하는 사람들을 다 알았다는 뜻이다. 이름도 알고, 누구네 집 사람인지, 결혼은 했는지 그들의 사정을 안다. 그리고 낯선 소녀가 눈에 띄었는데 나태주 시인의 '풀꽃'이란 시와 같은 느낌이 들었을까?

    자세히 보아야
    예쁘다

오래 보아야

사랑스럽다

너도 그렇다

룻은 보아스에게 마치 예쁘고 사랑스러운 풀꽃과 같다. 그래서 자세히, 더 자세히 보고 싶었을까? 너무 사랑스러워 오래오래 보고 싶었을까?

"내 딸아 이삭을 주우러 다른 밭으로 가지 말며 여기서 떠나지 말고 나의 소녀들과 함께 있으라"(룻기 2:8)

과부요 이방인이요 가난한 자였던 룻이 호감 가는 사람, 능력 있는 이상적 구원자를 만났다. 은혜다. 얼마나 기뻤을까? 모르기는 해도 룻은 현실의 높은 벽이 다 허물어지는 듯한 느낌이었을 것이다.

이삭을 줍다가 보아스를 주운 룻, 날아갈 듯 기쁘다. 만일 타국까지 와서 고작 이삭이나 주워야겠냐는 자세였다면 보아스를 만나지 못했을 것이다. 룻은 내가 이런 일 할 사람이 아니라고 말하는 사람들과는 달랐다.

우리나라는 좀 잘살게 되면서 직업에 귀천이 생겼다. 힘든 일은 아예 안 하려고 한다. 제도와 정책에도 문제가 있다. 어디 좀 다니다 그만두면 받는 실업급여 믿고, 상당수의 젊은이들이 꾸준히 일을 하지 않는다고 한다. 당사자들은 정말 도저히 더 이상 견딜 수 없었다고 할지 몰라도 꼰대(?)처럼 볼 때 취직했다가 힘들거나 마음에 들지 않으면 너무 쉽게 그만두고, 다시 취직했다가 또 그렇게 그만두는 것 같다. 주목해야 할 것은 룻의 성실한 이삭줍기가 더 큰 은혜로 이어졌다는 것이다.

보아스는 룻이 베들레헴에 온 것을 "하나님의 날개 아래로 보호받으러 온 것"이라며 "하나님이 상주시기를 원한다"고 한다. 잘 보라. 네 장밖에 안 되는 짧은 책에 '여호와'라는 단어가 18번이나 나온다. 그렇다면 룻기를 읽으며 룻과 나오미와 보아스만 만나지 말고 꼭 하나님을 만나야 한다는 것을 강조한 셈 아닌가?

그 하나님께서 날개로 룻을 품어주신다. 암탉이 병아리를 날개 아래 품는 것처럼 완벽한 보호를 상징하는 날개, 우리에게도 가장 안전한 곳이요, 평안을 누릴 장소, 새 힘을 얻는 장소이다. 보호받고 구원받고, 즐거이 찬송할 도움과 휴식의 장소, 소망 중에 안연히 거할 곳, 두려움 가운데 피할 피난처, 그 장소가 바로 '주의 날개 아래'이다.

"당신께 은혜 입기를 원하나이다" (룻기 2:13)

룻의 고백인데 감격이다. 눈물 나게 고맙다. 너무 행복하다. 기쁨 만땅! 성경은 독자들도 은혜받고 주의 날개 아래 보호받는 행복한 인생, 기쁨 만땅의 인생이 되기를 원한다.

"…룻이 이삭을 주우러 가려고 일어서자 보아스가 젊은 남자 일꾼들에게 일렀다. '저 여인이 이삭을 주울 때에는 곡식단 사이에서도 줍도록 하게. 자네들은 저 여인을 괴롭히지 말게. 그를 나무라지 말고 오히려 단에서 조금씩 이삭을 뽑아 흘려서 그 여인이 줍도록 해주게'.

(중략)

'그는 틀림없이 주님께 복 받을 사람이다. 그 사람은 먼저 세상을 뜬 우리 식구들에게도 자비를 베풀더니 살아있는 우리에게도 한결같이 자비를 베푸는구나'.

(중략)

룻은 보리 거두기뿐만 아니라 밀 거두기가 끝날 때까지도 보아스 집안의 젊은 여자들을 바싹 따라다니면서 이삭을 주웠다. 그러면서 룻은 시어머니를 모시고 살았다"

룻기 2:14-23 새번역 성경

04
룻, 들에 핀 꽃이 되다

▼
▼
▼

 수녀인 이해인 시인이 매월 그 달의 시를 썼는데 그 가운데 '6월의 장미'라는 시를 이렇게 시작했다. "하늘은 고요하고, 땅은 향기롭고, 마음은 뜨겁다." 시인은 "6월의 장미가 말을 건네온다"며 그 장미가 "사소한 일로 우울할 적마다 '밝아져라' '맑아져라' 웃음을 재촉하는 6월"이라 했다.
 아울러 이해인 시인은 "삶의 길에서 사랑의 이름으로 찌르는 가시, 그 가시로 찌르고 또 찌르지 말아야 부드러운 꽃잎을 피워낼 수 있다"고 했는데 우리 사회는 너무 가시 돋힌 말들을 많이 쏟아내고, 사사건건 충돌하는 모습이 마치 바람이 불 때마다 가시로 찌르고 또 찌르는 장미나무 가시 같다. 금년 6월에는 예년보다 더 예쁜 장미꽃이 쌈박하게 만발하면 좋겠다.

우리 사회의 오늘이 너무 힘겹고 내일에 대한 전망마저 많이 어둡지만 마음만 잘 추스르면 눈부신 계절, 한적한 산천의 둘레길이나, 분주한 도심의 가로수, 무심했던 콘크리트 틈새마저 푸르른 생명의 감동을 느낄 수 있는 싱그러운 봄이다. 우리 마음속에도 나를 향해 펼쳐주신 끝없는 하나님의 사랑에 대한 감사가 웃음꽃으로 활짝 피어나기를 기대해 본다.

지난해 5월에 다시 성경의 『룻기』를 교회 성도들과 함께 읽기 시작했는데 그때 문득 룻은 '찔레꽃 인생'이라는 생각이 들었다. '조선의 꽃'으로 불리기도 하는 야생장미 찔레꽃이 배고픔과 어머니, 그리고 고향에 대한 그리움의 상징이기 때문이다.

옛날 어느 산골에 병든 아버지와 두 딸 '찔레'와 '달래'라는 자매가 있었다. 어느 날 공녀로 몽골에 끌려가게 된 찔레가 고향을 그리워하다가 겨우 돌아오지만, 흩어진 가족들을 찾을 수 없었다. 결국 상심에 빠진 찔레는 죽게 되고 그 자리에 꽃이 피었는데 그 꽃을 찔레꽃이라 부르게 되었단다, 전설이다.

고독과 슬픔, 가족에 대한 그리움, 순수함을 생각하게 하는 꽃, 장내 독소를 제거하고, 위장 기능을 강화하고, 항염·항암 효능이 뛰어난 약용식물이다. 꽃잎 모양은 작고 수수하지만 장미의 진한 향내보다 여운이 오래 남는 꽃, 그래서 룻을

'찔레꽃 인생'이라고 생각한 것이다.

또 어느 날 이팝나무를 보며 룻을 생각했다. 휜칠한 키와 풍성한 가지 사이에 여러 이야기를 수놓은 듯한 이팝나무, 하얀 꽃들이 마치 성경에서 말한 배고픈 이들을 위해 하늘에서 흩뿌려 주는 '만나'(מן) 같았기 때문이다. 만나는 출애굽한 이스라엘 백성들을 향해 하나님이 특별 제공하신 식용 가능한 물질, 가나안 정복 이전까지 40년간 광야를 지나오는 동안 특별하게 공급된 생명의 떡이었다.

먼 객지로 떠나는 자식을 위해 눈물로 빚은 어머니의 '한 고봉 쌀밥' 같은 이팝나무, 앵벌이처럼 구걸하는 신세라 장미 넝쿨은 꿈에도 생각하지 못했을 룻이 이팝나무가 길 양편에 가득한 가로수 길을 본다면 어떤 느낌이었을까 하는 생각이 들었던 것이다.

비록 개망초 흰 꽃무리 핀 들녘이나, 쑥국새 뻐꾸기 노래하는 숲은 아니더라도 10년 만에 찾아온 풍년을 맞아 열심히 추수하는 사람들의 웃는 모습이 너무 행복하고 정겨운 베들레헴 들판, 단연 돋보이는 꽃이 룻이다. 룻을 '들에 핀 꽃'이라고 부르고 싶다. 그 이유는 누구보다도 절박한 처지에서 예상치 못한 뜻밖의 너무 큰 은혜를 입은 룻이 활짝 웃게 되었기 때문이다.

환대

당시는 보통 15~16세에 결혼했으니 혼자되었어도 아직 20대 중반일 것으로 여겨지는 어린 룻, 이삭 주우러 들로 나갔다가 들에 핀 꽃이 된다. 그것도 가장 예쁘게 활짝 핀 꽃, 보아스의 환대 덕분이다.

보아스의 환대는 무엇보다 룻이 만나는 모든 사람들로부터 칭찬받는 여인이었기 때문이다. 모압 사람이라는 거부감으로 만나는 사람마다 함부로 대할 수도 있던 시절, 밭에서 일하는 모든 사람들이 다 룻을 칭찬했고(룻기 2:7), 고결한 인품으로 이미 소문이 나 있었다(룻기 2:11). 또 아직 읽지 않았지만 "꽃향기는 천 리를 가고, 사람의 덕은 만 년 동안 향기롭다"는 말 그대로 동네 사람 모두가 다 룻의 사람됨을 극찬한다(룻기 4;15). 여기서 팁이다. "칭찬이 습관이 되는 삶을 살아야 한다." 칭찬이 중요하다. 받는 것도 중요하지만 칭찬하는 것 역시 중요하다. 기왕이면 칭찬하며 살되 공개적으로 칭찬하고, 구체적으로 칭찬하고, 적극적으로 칭찬하며 살면 좋겠다.

절망과 배고픔으로 집을 나섰던 룻이 마침 보아스를 만나면서 예상치 못한 그의 환대로 웃을 수밖에 없는 상황, 팔자를 고칠 만한 상황을 맞는다. 이해인 수녀가 '6월의 시'에서, "하늘에도 땅에도 웃음을 재촉하는 장미"라는 표현을 썼는데 룻에게 보아스는 마치 장미 넝쿨을 만들어준 사람 같다. 넝쿨장미가 "밝아져라" "맑아져라" 응원하듯 룻에게 힘을 실어주는 멋진 남자, 보아스의 환대에 넝쿨장미가 활짝 핀 아름다운 장미꽃 터널을 걷는 듯한 룻의 가벼워진 발걸음이 그려진다.

구체적으로 살펴보면 보아스의 환대는 먹이는 것으로부터 시작되었다. "와서 떡을 먹으라," 빵을 주며 "떡 조각을 초에 찍어 먹으라," 신 포도주와 함께 먹도록 배려한다. 또 볶은 곡식도 주어 룻이 배불리 먹고 남을 정도, 이건 동냥하는 사람에게 주는 밥이 아니다. 눈칫밥과도 거리가 멀다. 실컷 먹고도 남았다. 2장 18절에서도 "그가 배불리 먹고 남긴 것을 내어 시어머니에게 드리매"라고 했는데 두 과부가 그동안 얼마나 주리며 살았는지를 엿볼 수 있는 말이기도 하다. 그리고 또 생각해야 할 것은 잘 대접한 식사 한 끼, 그게 바로 잊을 수 없는 최고의 '환대'였다는 것이다. 누군가 그런 환대를 베풀 때 고작 한 끼로 여기지 말고 잊을 수 없는 최고의 환대로 여기면 어떨까?

잰틀한 보아스가 이어서 룻에게 한 말이다.

> "다른 데 가지 말고 내 밭에서 이삭을 줍되, 곡식을 추수하는 바로 옆에서 주우라"

역세권 집이 비싸듯 이삭 줍는 것도 자리가 중요한데 '추수하는 바로 옆자리'에서 주우라고 한다. 이건 파격적인 특혜였다. 게다가 더 놀라운 것은 일꾼들에게 조금씩 알곡을 흘려서 룻이 더 많이 줍게 하라고까지 한 것이다. 젊은 처자에게 완전히 반한 걸까? 일부러 주울 이삭을 만들어주라고 특별 지시를 한 것이다.

그 특혜의 결과가 2장 17절에 보면, "룻이 밭에서 저녁까지 줍고 그 주운 것을 떠니 보리가 한 에바쯤 되는지라." 아마 15~27kg, 1/4 가마 정도 되었던 모양이다. 이삭 턴 것이 이 정도라면 굉장한 양이다. 두 명이 1주일 정도 실컷 먹을 수 있는 양, 특별 대우에 성실함이 더해진 예상치 못했던 대단한 결과다. 만일 "저 어른이 나한테 반했나 보다" 그러며 꼬리나 쳤다면 얘기는 달라졌을 것이다. 어쩌면 쫓겨나고 맞아 죽었을 수도 있었다.

하지만 성실한 룻이었기에 보아스는 한 말씀을 더 한다.

"내가 그 소년들에게 명령하여 너를 건드리지 말라 하였느니" (룻기 2:9)

추수가 다 끝날 때까지 자기 밭에서 이삭을 줍도록 하고, 소년들이 못된 짓을 하지 못하도록 안전까지 보장해준 것이다. 끝내주는 일자리, 이 정도면 어디서도 볼 수 없는 호의, 대박이다. 한동안의 먹거리 해결 정도가 아니라 이방인의 자존감을 높여주는 파격적인 조치, 이고 가는 몸은 피곤했을지 몰라도 마음은 날아갈 것만 같았을 것이다. 그 모습이 마치 꿈같은 현실, 믿어지지 않는 엄청난 환대로 "나 좀 보라"고 들에 활짝 핀 아름다운 한 송이 꽃과 같다.

하지만 이건 1차 환대에 불과하다. 다음 장에서 구체적으로 살펴보겠지만 환대는 시작일 뿐, 아직 본론으로 들어가지도 않았다.

본론으로 들어가기 전에 구약성경의 첫 책인 창세기 18장에 보면 이 환대가 얼마나 중요한지를 보여주는 한 사건이 나온다. 하나님이 아브라함을 방문하신다. 소돔과 고모라를 심판하기 위해 세 천사와 함께 아브라함의 집을 지나가시는데 그때 마므리 상수리나무에 있는 손님들을 본 아브라함이 극진히 환대한다.

> "아브라함이 그들을 보자 곧 장막 문에서 달려나가 영접하며 몸을 땅에 굽혀 이르되 물을 조금 가져오게 하사 당신들의 발을 씻으시고 나무 아래에서 쉬소서" (창세기 18:2, 4)

그리고 이어서 가루 서 말로 떡을 만들고 송아지 요리까지 대접한다. 초대받고 온 손님들이 아니다. 그저 지나가는 나그네로 여길 수도 있다. 그런데 이렇게 극진히 모신 것, 성경은 그때 아브라함이 부지 중에 천사들을 대접했다고 평가한다. 신약성경인 히브리서의 말씀이다.

"손님 대접하기를 잊지 말라 이로써 부지 중에 천사를 대접한 이들이 있었느니라" (히브리서 13:2)

아브라함의 이 환대의 대가가 엄청나다. 그토록 기다리던 아들 이삭의 탄생 소식을 듣는다.

"내년 이맘때 내가 반드시 네게로 돌아오리니 네 아내 사라에게 아들이 있으리라" (창세기 18:10)

꿈 같은 말씀 아닌가? 나이가 몇인데, 있을 수 없는 일인데... 그런데 그뿐이 아니다. 하나님이 아브라함을 친구로 여기시면서 소돔과 고모라를 향한 하나님의 계획까지 듣게 된다. 하나님의 말씀이다. "내가 하려는 것을 아브라함에게 숨기겠느냐" 그러시며 "소돔과 고모라에 대한 부르짖음이 크고 그 죄악이 심히 무거우니", 소돔과 고모라를 심판하시겠다는 말씀, 당신의 비밀 계획을 미리 알려주신 것이다.

그래서 아브라함이 그 멸망의 도시에서 조카 롯을 구할 수 있었다. 기억하라. 환대는 축복이다. 상대방에게 축복일 뿐만 아니라 자신에게도 축복이다.

그런가 하면 2천여 년 전 하나님의 방문을 환대하지 않은 사람들이 있었다. 유대인들이다. 그들은 하나님의 성육신(聖肉身, incarnation, 하나님이 육신으로 나타나신 것)에 싸늘했다. 가난한 목동들과 이방인 동방박사들이 환대했던 것과는 너무 대조적이었던 유대인들, 그 결과 그들은 지금도 고난의 길을 걷고 있다. 전쟁이 그칠 줄을 모른다. 여기서 깨닫는 것은 환대하는 사람들에게는 하나님의 구원과 평화가 주어지지만, 거부하거나 무시하거나 멸시하는 자들에게는 반드시 탄식과 심판이 있다는 것이다. 만나는 사람들을 환대하며 살면 피차 행복한 인생이 될 것, 반드시 환대하며 살아야 한다.

은혜

성경은 보아스의 이 환대를 통해 독자들을 '은혜'로 이끈다. 2장 2절에서 룻은 밭으로 나가며 "내가 누구에게 은혜를 입으면 그를 따라서 이삭을 줍겠나이다" 그런다. 일반인들은 이럴 때 통상 '은혜'라는 말을 쓰지 않고, '재수 좋으면' 또는 '운이 좋으면' 그러지만 성경은 그것을 '은혜'라고 표현한다. 이어지는 10절에서도 또 '은혜'라고 표현한다.

"나는 이방인이거늘 당신이 어찌하여 내게 은혜를 베푸시며 나를 돌보시나이까"(룻기 2:10)

룻은 기대대로 은혜를 입었다. 보아스의 환대를 은혜로 안 것, 당연한 표현이지만 실제로 많은 사람들은 은혜를 입고도 은혜를 은혜로 여기지 않는다. 지금 우리나라를 보라. 동방예의지국은커녕 동방무례지국, 배은망덕(背恩忘德)과 토사구팽(兎死狗烹)이 만연하다.

룻이 은혜를 입었다고 표현한 보아스는 어떤 사람인가? 살몬의 아들이자 엘리멜렉의 친족이며 베들레헴의 부유한 지주이다. 당시 자식 없이 죽은 형제의 대를 이어주기 위해 형제 순으로 미망인과 결혼하여 죽은 형제의 기업을 이을 자를 낳게 해주는 계대결혼(繼代結婚, 형제가 자손 없이 죽으면 가장 가까운 형제가 죽은 형제의 아내와 결혼하여 아들을 낳아 죽은 형제의 대를 잇게 하는 결혼 법)이나 빚 때문에 종으로 팔려갈 경우 가까운 친척이 대신 빚을 갚아주거나 가난해서 토지를 팔았을 때 토지 값을 지불하고 다시 찾아 토지를 돌려받게 하는 고엘제도(구약성경에 나오는 중요한 사회적 제도)라는 것이 있었는데 보아스는 과부된 나오미의 며느리 룻과 결혼하여 엘리멜렉 집안의 대를 이어 줌으로써 고엘, 즉 기업 무를 자로서의 의무에 충실했다.

룻과 결혼하고 낳은 아들이 오벳이고, 그 오벳은 다윗의 조부였으니 결국 룻과 함께 훗날 예수 그리스도의 계보에 오르는 엄청난 영광을 누리게 된 것이다.

룻기에 '보아스'의 이름이 25번 나오고, 인칭 대명사 '그'라는 표현도 25번, 총 50번이나 나온다. 보아스가 룻기를 이끌어가는 중심인물이었던 셈이다. 만일 관대함과 자상함, 배려와 지위고하에 상관없이 존중하는 자세가 돋보이는 보아스가 없었다면 나오미와 룻은 이름도 없이 사라진 불쌍한 과부들일 뿐이었다.

그리고 성경을 읽어보면 룻만 보아스를 통해 은혜받은 것이 아니다. 보아스도 룻으로 인해 큰 은혜를 받았다. 하나님이 책임지는 사랑의 사람 보아스의 이름을 빛나게 하신 것이다. '은혜'는 히브리어로 '헤세드'(חסד), 룻기에 4번 나오는데 다 2장에만 나오는, 2장의 핵심 단어(key word)이자 룻기의 중요한 윤리가 된다. 반드시 기억하면 좋겠다. 은혜는 은혜를 낳는다.

그리고 한 가지 더, 보아스는 예수 그리스도의 예표였다. 보아스가 룻의 고엘(גאל, 기업을 무를 자), 구원자(redeemer)가 되었듯이 예수님은 우리에게 고엘, 구원자가 되신다. 룻이 그 은혜로 말미암아 들에 핀 꽃이 되었던 것처럼 우리도 하나님의 헤세드(חֶסֶד), 은혜로 말미암아 봄이든 여름이든 활짝 핀 꽃이 되어야 한다.

청혼 작전 개시

룻은 보아스의 1차 환대에 땡큐하는 것으로 그치지 않았다. 나오미의 코치를 받아 가며 더 많은 것을 요구한다. 말씀은 이제 룻과 나오미의 작전이랄까? 청혼 프로젝트로 이어진다. 장기적인 생존 대책을 위한 계략(?), 두 과부는 무슨 수를 써서라도 살아남아야 하는데 우연히(?) 잡은 인생 역전의 기회를 놓칠 수 없다.

그래서 꾸민 것이 일명 '청혼 프로젝트', 룻이 가져온 음식을 배불리 먹고 난 후 주워온 이삭을 보고 단순한 이삭이 아니라고 생각한 나오미는 자초지종을 듣고, 이건 '이삭'이 아니라 '추수'라는 확신이 들었던 것 같다. 그래서 룻에게 생각도 못했던 희망을 심어준다.

> "그 사람은 우리와 가까우니 우리 기업을 무를 자 중의 하나이니라" (룻기 2:20)

"며늘아, 그 농장 주인 보아스가 우리 가정을 세워줄 구속자가 될 수도 있다" 그런 말씀이다. 며느리 잘되는 것을 샘내는 시어머니도 많은데 정말 본받을 만한 훌륭한 시어머니의 표상이 아닌가?

이 말씀 가운데 '기업을 무를 자'는 히브리어로 '고엘'(גאל), 구원자(redeemer)라는 말이다. 나오미는 보아스를 하늘에서 내린 동아줄, 구원자로 여겼다. 그래서 구체적인 코치를 시작한다.

"내 딸아 너는 그의 소녀들과 함께 나가고 다른 밭에서 사람을 만나지 아니하는 것이 좋으니라"(룻기 2:22)

"이제부터는 들판에 나가 사내들과는 가까이하지 말고 여자들하고만 어울리라", 보아스에게 좋은 인상을 주기 위해 '현숙한 여인'이 되라는 뜻, 앞으로 처신 잘해야 한다는 말이다.

흥미로운 것은 2장 21절과 23절의 '가까이 있으라'라는 표현, 히브리어로 '다바크'(דבק)라는 단어를 사용했다는 것이다. 1장 14절에서 룻이 시어머니를 '붙좇았다'라고 할 때 사용했던 바로 그 단어, "딱 달라붙어 있으라"는 말인데 21절과 23절에도 나온다. 21절은 보아스가 룻에게 한 말이고, 23절은 나오미가 룻에게 한 말, 말이 다르다. 보아스는 "소년들에게 가까이 있으라"고 했고, 나오미는 "소녀들에게 가까이 있으라"고 했다. 보아스가 룻의 안전을 위해 그렇게 말했다면 나오미는 보아스의 오해를 받지 않기 위해 남자들과 어울리지 말고 여자애들한테만 바짝 붙어있으라고 한 것이다. 그날부터 룻은 '다바크의 여인'이 된다. 여기서 팁이다. "은혜는 붙어있어야 받는다."

또 주목할 것은 "내 딸아"라고 부른 것이다. 이 표현이 룻기에 8번이나 나온다. 세 번은 보아스가 룻에게 한 표현이고, 다섯 번은 시어머니 나오미가 며느리 룻에게 한 표현이다. 어둠 가운데 한 줄기 빛이 비치기 시작하자 나오미가 자신의 운명을 전환시킬 미래가 도래함을 직감하고 마치 친정엄마처럼 친히 청혼 프로젝트 매니저(project manager)가 된다. 그 구체적인 프로젝트는 다음 장에서 나눌 것이다. 기대하시라. 19금이 될 수도 있는 흥미진진한 룻기 3장, 개봉 박두!

"내 딸아 너는 그의 소녀들과 함께 나가고
다른 밭에서 사람을 만나지 아니하는 것이 좋으니라"

(룻기 2:22)

"…너는 목욕을 하고 향수를 바르고 고운 옷으로 몸을 단장하고서 타작마당으로 내려가거라. 그 사람이 먹고 마시기를 마칠 때까지 너는 그가 눈치채지 못하도록 조심하여야 한다. 그가 잠자리에 들 때에 너는 그가 눕는 자리를 잘 보아 두었다가 다가가서 그의 발치를 들치고 누워라. 그러면 그가 너의 할 일을 일러줄 것이다.

(중략)

보아스는 실컷 먹고 마시고 나서 흡족한 마음으로 낟가리 곁으로 가서 누웠다. 룻이 살그머니 다가가서 보아스의 발치를 들치고…내 딸아 여호와께서 네게 복 주시기를 원하노라…"

룻기 3:1-18 새번역 성경

05
룻의 깜찍한 대시

▼

▼

▼

『인생은 소풍처럼』이라는 책이 있다. 김달국 님이 쓴 책인데 이미 곁에 와 있는 행복을 몰라보면 안 되고, 지금 이대로를 만족하며 행복하게 살라는 것을 때로는 깊이 있게, 때로는 유머러스하게 쓴 책이다. 저자는 "인생을 소풍으로 생각하자"고 했다. 맞다. 어찌보면 인생은 소풍이다. 하지만 인생이 전쟁인 사람들도 많다. 아침부터 입시전쟁, 출근전쟁, 일터에서의 전쟁, 재테크 전쟁, 인간관계의 전쟁 등 치열하게 전쟁을 치르며 산다.

가난한 룻의 인생도 전쟁이다. 과부 시어머니를 모시고 사는 젊은 과부, 이삭줍기를 위해 매일 밭으로 나가는 게 소풍인가? 아니다. 전쟁이다. 그런데 이방인이나 과부에 대한 차별이나 편견이 전혀 없는 보아스라는 젠틀맨을 만나면서 인생 역전의 기회를 잡는다. 웬일? 보아스의 파격적인 배려로 인생이 전쟁이 아니라 소풍이 될 가능성이 보인다.

한편 며느리 룻의 이야기를 들은 시어머니 나오미는 마라의 인생, 쓸 뿐만 아니라 완전 빈손이었는데 룻에게 호감을 보인 보아스를 하늘이 내려준 동아줄, 구원자로 여기고, 청혼 작전을 진두지휘한다. 자기를 '마라'(쓰다)라고 하던 그 나오미가 아니다. "여호와의 손이 나를 치셨다"(룻기 1:13) "여호와께서 나를 징벌하셨고 전능자가 나를 괴롭게 하셨다"(룻기 1:21)며 탄식하던 그 나오미도 아니다.

그런데 왕년에 연애 좀 하셨을까? 깜찍하게 대시하라는 건데 너무 지혜롭다. 왜 "한 명의 노인이 사라지는 것은 한 개의 도서관이 사라지는 것과 같다"는 말이 있는지 알 것 같다. 나오미는 향후 전개될 일을 빠삭하게 알고 있다. 언제 어떻게 무엇을 해야 할지 디테일하게 대시 작전을 짠다. 생존을 위한 것이기도 하지만 며느리를 사랑하기 때문이다. 사랑하면 답이 있고, 사랑하면 길이 보인다는 말 그대로다.

야밤 대시

목사가 무슨 이런 글을 쓰냐? 좀 야한 것 아냐? 그럴지 모르겠지만 성경에 충실하게 내용을 펼쳐 보겠다. 그러니 먼저 성경이니까 무조건 고상하고 거룩해야 한다는 선입견은 좀 내려놓고 읽으면 좋겠다. 왜냐하면 성경이 거룩한 경전(Holy Bible)인 것은 맞지만 불륜처럼 보이는 사건들까지 적나라하게 다 기록해 놓았기 때문이다.

룻기 1장의 무대가 '길'이라면 2장은 '밭'이고, 3장은 '타작마당'이다(참고로 4장은 '성문 앞'). 2장과 3장은 낮과 밤의 대조가 인상적이다. 그 가운데 3장, 타작마당에서 타작하고 그 후에 잔치하는 것에 대해 잘 아는 나오미가 룻과 함께 그날을 D-day로 정하고 청혼 작전을 펼치는데, 그 모습이 마치 살찐 먹잇감을 노리는 두 마리의 하이에나 같다(?)고나 할까? 작전의 목적이 명확하다. "내 딸아 내가 너를 위하여 안식할 곳을 구하여 너를 복되게 하여야 하지 않겠느냐"(룻기 3:1). 목적은 룻의 안전과 자신의 노후보장, 청혼이 목적이다.

아마 둘 다 보아스 잡을(?) 생각에 잠이 오지 않았을 것이다. 그런데 사실 보아스는 좀 먼 친척, 의무적으로 책임을 져야 할 만큼 가깝지 않았기에 거절당할까봐 약간은 불안했던 것 같다. 그래서 어른으로서 낮에 본인이 직접 만나 정중히 상의하기보다 밤에 치를 거사, 야릇한 청혼 작전을 구상한다. 이름하여 '타작마당 야밤 기습', 깜찍하게 대시해 보자는 거다. 비록 음탕한 대시로 여길 위험 부담이 클지라도 단판 승

부를 짓겠다는 매우 적극적인 작전이다.

방식은 파격적인 성적 유혹, 가난한 나오미 입장에서는 어쩔 수 없는 선택이다. 그런데 적나라한 육탄 공세, 19금 수준의 작전임에도 불구하고 평소 시어머니께 순종하듯 룻이 군말없이 따른다. 작전은 이랬다. 보리 추수를 마치는 날 잔치할 때 미리 목욕하고, 몸에 향수를 뿌리고, 야시시한 옷을 입고, 타작마당 적당한 곳에 숨어있다가 타작이 끝나면 보아스가 눕는 곳을 잘 보고 술에 취해 누우면 보아스의 이불 속으로 들어가라는 거다.

"그의 발치 이불을 들고 거기 누우라" (룻기 3:4)

룻은 디테일한 작전 명령에 그대로 따른다.

"어머니의 말씀대로 내가 다 행하리이다" (룻기 3:5)
"그가 타작마당으로 내려가서 시어머니의 명령대로 다 하니라" (룻기 3:6)

"어머니, 아무리 우리 형편이 어려워도 어떻게 그래요. 이건 아닌 것 같아요"가 전혀 없다. 드디어 작전 개시! 시어머니의 명령 하에 룻은 작전대로 실행한다.

> "룻이 가만히 가서 그의 발치 이불을 들고 거기 누웠더라" (룻기 3:7)

틀림없이 후덕한 시어머니의 인격에서 나오는 자연스러운 사랑이었기에 따랐을 것이다. 거절당하거나 창녀 취급당할 수도 있지만 아랑곳하지 않은 야밤 기습 대시, 그냥 옆에 누운 게 아니다. '발치 이불을 들고'라고 번역했는데 이불이 아니다. 히브리어로 '레겔'(רגל), 아랫도리를 들치고 누웠다는 거다. 주도적으로 남자 품을 파고드는 노골적인 대시, 이건 도발이다. 사랑이 고팠을까? 아니다. 그것보다는 '미래의 안전'과 시어머니의 '노후보장' 때문이다.

한편, 술에 취해 자던 보아스는 누군가 자기 몸을 더듬자 기겁을 한다.

> "밤중에 그가 놀라 몸을 돌이켜 본즉 한 여인이 자기 발치에 누워있는지라 이르되 네가 누구냐 하니 당신의 여종 룻이오니 당신의 옷자락을 펴 당신의 여종을 덮으소서 이는 당신이 기업을 무를 자가 됨이니이다" (룻기 3:8)

세상에, 자기 눈에 들었던 그 젊은 새댁 아닌가? 대략 난감, 꿈도 아니고, 그것도 완전 19금에 나오는 복장으로 자기 품에 누워있다. '그냥 잤을까?' 아니면 '보아스가 룻의 대시를 받아줬을까?' 그게 궁금한가? 어떤 신학자는 두 사람이 넘지 말아야 할 선을 넘었을 것으로 단정하고, "젠틀맨 보아스, 현숙한 룻? 말도 안 된다"며 불륜 취급한다. 하지만 그건 아니라고 본다.

룻을 알아본 보아스는 "오메 좋은 거" 그러지 않았다. 차분하다. 호칭부터 낮에 불렀던 그대로 "내 딸아" 그런다. 그리고 먼저 축복한다.

> "내 딸아 여호와께서 네게 복 주시기를 원하노라" (룻기 3:10)

그는 여전히 관대하고 자상하다.

> "이 밤에 여기서 머무르라" (룻기 3:13)

그리고 새벽에 돌려보낸다.

> "룻이 새벽까지 그의 발치에 누웠다가 사람이 서로 알아보기 어려울 때에 일어났으니" (룻기 3:14)

안전을 고려하고, 누가 보고 룻에 대해 좋지 않은 소문을 낼까봐 충분히 배려한 것이다. 그리고 그냥 보내지 않는다.

"네 겉옷을 가져다가 그것을 펴서 잡으라 하매 그것을 펴서 잡으니 보리를 여섯 번 되어 룻에게 지워 주고 성읍으로 들어가니라" (룻기 3:15)

창녀 취급하거나 서방질로 여기기는커녕, 곡식을 챙겨준다. 감동이다. 이게 진정한 사랑 아닐까? 사랑은 주되 더 주는 것, 보아스는 욕망에 휘둘리지 않고, 차분하게 수습한다.

물론 이 룻의 야밤 대시가 선한 방법은 아니다. 하지만 이걸 우리 시대, 우리 기준으로 보면 안 된다. 우리 기준으로는 부도덕이고 불륜처럼 보일 수 있다. 그런데 성경에는 이런 사건을 감추지 않고, 오히려 이 사건 속에 감추어진 하나님의 섭리를 드러낸다.

앞에서도 언급했지만 구약성경 창세기 38장에 보면 유다의 맏며느리 다말이 매춘녀로 변장을 하고 시아버지에게 접근해 동침하는 이야기가 나온다. 룻의 대시와 비슷하다고 할까? 우리 시대, 우리 기준으로 보면 무조건 부적절한 관계였지만 그때 태어난 아이가 예수 그리스도의 계보로 이어진다.

> "유다는 다말에게서 베레스와 세라를 낳고(쌍둥이) 베레스는 헤스론을 낳고"(마태복음 1:3)

다말의 행동이 결국 '의로운 파격'이 되었다는 거다. 가나안 여인과 결혼하며 가나안의 타락한 문화를 유입한 유다의 죄 때문일까? 하나님은 유다의 장남 엘과 차남 오난을 후손도 없이 죽이셨다. 엘과 결혼했던 다말은 관습에 따라 오난과 계대결혼을 했지만 하나님이 오난마저 죽이셨는데 시아버지인 유다가 셋째 아들 셀라도 죽을까봐 계대결혼을 못하게 하자 대를 잇기 위해 매춘녀로 변장해서 시아버지를 유혹해 동침한다. 셀라가 안 되면 시아버지를 통해서라도 반드시 대를 잇겠다는 다말의 집요한 열정이 결국 뜻을 이룬 거다.

놀라운 것은 그때 낳은 베레스의 후손으로 다윗 왕이 나오고, 메시야가 오셨다는 거다. 그리고 다말이 당당하게 예수님의 족보에까지 오른 거다. 이는 하나님이 다말의 행동을 문제 삼지 않으셨다는 말이다.

룻의 야밤 대시가 비슷한 측면은 있지만 함부로 "보아스도 남자잖아" 그러면 안 된다. 신중한 보아스, 책임을 중시하는 보아스는 결코 자세가 흐트러지지 않았다. 오히려 야밤 대시에 대해 두려워하고, 미래를 불안해하는 룻을 안심시키고 칭찬해준다.

> "네가 현숙한 여자인 줄을 나의 성읍 백성이 다 아느니라" (룻기 3:11)

'현숙한 여인'이라 한다. 경박하지 않고 나이로 사람을 택하지 않은 것을 높이 평가했을까? 자기도 호감이 있음을 에둘러 표현한 것일 수도 있다.

그런데 여기서 '현숙한 여인'이란 의미는 일반적으로 사람들이 생각하는 의미와 다르다. 마음과 행동이 조신하고 순결한 현모양처, 요조숙녀 같은 여인이라는 뜻이 아니다. 성경은 그렇게 말하지 않았다. '현숙하다'의 히브리어는 '하일'(חיל)인데, '힘이 있다'(mighty woman)는 뜻이다. 잠언서 31장 10절 이하에서도 '정결한 여인'이 아니라 집안 살림을 잘하는 '유능한 여인'을 일컫는다. 조신한 여인이 아니라 의리 있고 집안을 잘 먹여 살리는 '힘있는 여장부'라는 표현이다.

그렇다면 보아스가 룻을 '현숙한 여인'이라고 한 것은 '넌 잘 해낼 것'이라는 칭찬으로 볼 수 있다. 히브리어를 헬라어로 번역한 구약성경인 70인역에 의하면 '남자 같은 여자'로 번역한 '현숙한 여인', 심지가 굳고 믿을만한 여인이라는 말이다. 집안을 일으킬만한 현숙한 여인 룻과 신중하고 관대한 젠틀맨 보아스의 타작마당에서의 깊은 만남, 그 운명적인 만남은 이렇게 룻의 야밤의 깜찍한 대시로 성사되었다.

승낙

보아스는 "이런 발칙한 것, 어디서 수작질이야!" 소리치며 몰인정하게 내칠 수도 있는 상황이었지만 "당신의 옷자락을 펴 당신의 여종을 덮으소서", 룻의 초강수 청혼 요청을 "하나님의 날개 아래 보호받기 위해 왔구나" 그런다. 2장 12절에서 "여호와께서 그의 날개 아래에 보호를 받으러 온 네게 온전한 상 주시기를 원하노라"라고 했었는데 3장 10절에서 "내 딸아 여호와께서 네게 복 주시기를 원하노라"라고 한다. 보아스는 지금 룻을 하나님의 헤세드(은혜)로 이끌고 있다.

그리고 더 가까운 아무개 씨 의사부터 묻고 그가 기업 무를 자의 책임을 이행하지 않을 경우 조건부이기는 하지만 청혼을 받아들이겠다고 승낙한다.

> "여호와께서 살아계심을 두고 맹세하노니 내가 기업 무를 자의 책임을 네게 이행하리라" (룻기 3:13)

마치 김춘수 님의 시, '꽃'에 나오는 표현, "(살짝 바꾸어) 나도 너의 꽃이 되고 싶다. 너는 나에게 나는 너에게, 잊혀지지 않는 하나의 의미가 되고 싶다" 그렇게 말하는 것 같다.

어떤 사람들은 보아스는 아무개 씨가 그 책임을 이행하지 않을 것을 계산했던 것 같고, 그렇지 않았다면 어떻게 해서든 포기하게 했을 것이라고 한다. 그만큼 룻을 사랑했다는 뜻이기는 하지만 성경을 자기 생각대로 무리하게 해석하면 안 된다. 자꾸 이상한 눈으로 보면 다 이상해 보일 수 있다. 그리고 그건 잘못된 습관이 될 수도 있다.

단순히 기업 무를 책임을 지지 않으면 공개적으로 수치를 당할 것을 우려하여 내린 결정이라기보다 보아스의 승낙은 사랑이었다. 환대가 꼭 필요한 결정적인 순간, 보아스는 부담이기도 한 고엘, 구속자의 책임을 지기로 한다. 형식적 환대가 아니다. 결국 이 환대는 새역사를 창조한 온전한 환대가 된다.

여기서 다시 룻기의 주제가 반복된다. 그 주제가 바로 인간의 환대를 통해 하나님의 환대가 실현된다는 것이다. 두 단어가 이를 잘 드러낸다. 9절의 '날개'와 10절의 '인애'라는 단어다. 먼저 9절의 "당신의 옷자락을 펴 당신의 여종을 덮으소서"라고 한 것은 말씀에 근거한 믿음으로 호소한 것이다. '당신의 옷자락'은 '당신의 날개'로 번역할 수 있다. 날개의 히브리어는 '카나프'(כָּנָף), 하나님의 보호를 표현할 때 주로 사용되는 단어이다. 대표적인 말씀이 2장에 나왔었다.

"이스라엘의 하나님 여호와께서 그의 날개 아래에 보호를 받으러 온 네게 온전한 상 주시기를 원하노라"(룻기 2:12)

보아스는 야밤 침입자 룻의 날개가 되기로 한다. 보아스는 예수 그리스도의 상징, 예수님이 우리의 날개가 되신다는 것을 보여준 것이다.

그 다음은 10절, "네가 베푼 인애가 처음보다 나중이 더하도다." 여기서 '인애'는 '헤세드'(חֶסֶד)다. 1장에서 룻이 나오미에게 선대했던 것도 헤세드였다고 했는데 지금은 자기 몸을 바쳐 시어머니 나오미의 노후를 보장하려 한다. 나오미를 향한 하나님의 헤세드가 룻을 통해 이루어지고 있는 것이다.

그리고 보아스가 룻과 나오미에게 헤세드를 베풀면 이 헤세드가 보아스에게 주어지는 하나님의 헤세드가 된다. 그렇다면 절망 가운데 사는 두 과부의 삶과 베들레헴 지주 보아스에게 결정적 터닝포인트, 울던 두 인생이 마음껏 함박웃음을 웃는 인생으로 바뀌고, 시골 지주가 예수 그리스도의 계보에 오르는 상상도 못했던 빛나는 이름이 된다. 고엘제도가 보아스와 룻, 모두에게 하나님의 큰 은혜가 된 것이다.

구원사 잇기

나오미와 룻의 청혼 작전은 가난한 여자가 부자와 결혼해 신분 상승하는 드라마에나 나올 법한 이야기가 아니다. 이 청혼 작전이 하나님의 구원사 잇기로 연결되기 때문이다.

부유한 지주였던 보아스는 룻을 '내 딸아'라고 불렀다. 보아스가 나이 든 어른이었다는 의미일 것이다. 그리고 나중에 룻과 결혼한 것을 볼 때 싱글남이었을 수도 있지만 사회적 분위기가 일부다처제였기에 결혼남이었을 수도 있다. 그래서 현대적 기준으로 보아스를 비난하는 것은 옳지 않고, 또 룻을 신데렐라 콤플렉스의 전형으로 비하하는 것도 옳지 않다. 시대적 상황을 고려해야 한다. 당시는 여성들의 활동이 제약되고, 재산권도 행사할 수 없고, 거의 노예 취급을 받던 고대 사회였기 때문이다.

또 룻을 단순히 가부장제 하의 '효부, 순종적 여성'으로 보는 것도 그저 성경의 변두리라고 할까? 핵심이 아니다. 룻은 이미 베들레헴으로 따라나설 때 연령, 민족, 종교의 차이를 뛰어넘는 운명적 연대를 감행했다. 그리고 결코 '그른 선택'을 했던 동서 오르바나 밧세바(다윗 왕과의 간통녀), 마르다(말씀 중심이 아니라 일 중심), 가룟유다(배신자) 같은 '그림자 캐릭터'가 아니다. 룻은 필사적으로 오직 '생존을 위한 작전'을 펼쳤다.

이 행동을 여성신학자 필리스 트리블(Phyllis Trible)마저 "전적인 용기로 인한 구원"이라고 평가했다. 필리스 트리블은 우리가 가장 사악한 여인으로 평가하는 이세벨마저 가부장적 규범과 종교적 전통에 과감히 도전한 여성으로 높이 평가해 개인적으로는 좋아하지 않는 구약학자지만 맞는 말이다. 룻의 이 작전은 거절당할 수 있는 육탄 공세, 꽃뱀이나 창녀 취급당하거나 독한 여자로 낙인찍혀 쫓겨날 수도 있는 무모한 행동이었다. 그리고 평판이 나빠진다면 더 이상 베들레헴에서 살 수도 없었을 위험 부담이 매우 큰 무리수 같은 대시였다. 그러니 이 작전은 죽기를 각오한 용기 있는 행동, 모험이었던 셈이다.

마지막으로 우리는 보아스가 누군가를 생각해야 한다. 룻기에는 이름이 나오지 않지만 어머니가 라합이다. 라합이 누군가? 여리고의 창녀였으나 이스라엘의 두 정탐꾼을 숨겨주며 자기 가족을 살리고 하나님의 구원사를 잇는, 예수님의 계보에 나오는 영웅 아닌가?

"살몬은 라합에게서 보아스를 낳고" (마태복음 1:5)

그래서 룻의 이 청혼 작전을 하나님의 구원사를 이은 용기와 모험으로 해석하고 싶다. 그리고 룻과 보아스의 만남이 그리스도와 우리의 만남을 상징한다고 본다. 룻의 청혼이 하나님의 구원사를 잇고 우리의 갈망까지 채우는 대사건이었던 셈이다. 결단이 필요하다. 기회 포착이 중요하다. 만일 룻처럼 분명한 용기와 결단으로 주님의 품에 안긴다면 그게 바로 인생 최고의 행복이 될 것이기 때문이다.

"…보아스가 원로들과 온 마을 사람들에게 선언하였다. '여러분은 오늘 이 일의 증인입니다. 나는 엘리멜렉이 가지고 있던 모든 것과 기룐과 말론이 가지고 있던 모든 것을 나오미의 손에서 사겠습니다. 나는 말론의 아내인 모압 여자 룻도 아내로 맞아들여서 그 유산이 고인의 이름으로 남아 있도록 하겠습니다. 그렇게 하여 고인의 이름이 그의 고향 마을에서도 끊어지지 않고, 친족들 사이에서도 끊어지지 않도록 하겠습니다. 여러분은 오늘 이 일의 증인입니다.'

그러자 성문 위 회관에 모인 마을 사람들과 원로들이 대답하였다. '우리가 증인입니다. 주님께서 그대의 집안으로 들어가는 그 여인을, 이스라엘 집안을 일으킨 두 여인 곧 라헬과 레아처럼 되게 하여 주시기를 빕니다 … 주님께서 그 젊은 부인을 통하여 그대에게 자손을 주셔서 그대의 집안이 다말과 유다 사이에서 태어난 아들 베레스의 집안처럼 되게 하시기를 빕니다.'"

룻기 4:1-12 새번역 성경

06
룻이 결혼하다

▼

▼

▼

베들레헴이라는 낯선 시골로 시어머니를 따라온 며느리 룻, 행운을 찾거나 행복을 누리려고 온 게 아니다. 하지만 이삭을 주우러 밭에 나갔다가(룻기 2:3) 우연히 보아스를 만나면서 하나님의 헤세드(חֶסֶד)와 파카드(פָּקַד)를 경험한다. 헤세드는 '인애'(룻기 3:10)라는 말이고, 파카드는 '돌보심'(룻기 2:10)이라는 말이다. 헤세드와 파카드, 이 두 단어는 룻기에 숨어있는 하나님을 드러내는 중요한 표현이다.

   그런데 보아스와의 만남을 성경은 '우연'이라고 썼지만 히브리어로 '미크레'(מִקְרֶה), 이 단어는 계산된 만남이나 의도된 만남이 아니라 사람의 능력을 넘어서는 사건이나 사태를 일컫는 단어이다. 히브리인들에게 '우연'은 생소한 단어, 그들에게는 '우연'이 아니라 '운명'이다. 그러니까 우리말 우연의 개념이 아니다. '어쩌다보니 그렇게 된 것'이 아니라는 말이다. 룻은 아무 생각없이 '미크레'로 밭을 선택했지만 하나님은 그 선택을 통해 하나님의 은혜를 베푸시고 당신의 섭리로 이끄셨다. 그래서 이 부분은 우리가 '우연'이라 쓰고, '하나님의 섭리'로 읽어야 한다.

그 섭리는 야밤 기습 대시라는 무리수를 두며 펼친 룻의 프로포즈를 '반듯한 사나이' 보아스가 조건부로 승낙하면서 꽃으로 피어난다. 그리고 드디어 절차를 거치며 두 사람이 결혼 준비를 다 끝내고 결혼을 하게 된다. 행운이나 행복을 찾아온 것이 아니지만 절망적이었던 룻에게는 너무 뜻밖의 행운, 행복이 시작된 거다. 어머니에게서 복음을 듣고 "어머니의 하나님이 나의 하나님이 될 것"이라며 영적 주파수를 맞추고 베들레헴까지 따라온 룻에 대한 하나님의 보상이 진행된 것이다.

아무개 씨의 고엘 포기

열두지파로 구성된 이스라엘, 각 공동체에는 서로를 보호하기 위해 몇 가지 제도가 있었는데 그 중 하나가 고엘 제도였다. 고엘(גאל)은 '무르다' '되찾다' '구속하다'라는 말, 영어로는 'redeemer' 구속자, 우리 말 성경에는 '기업 무를 자'라고 표현했다. 룻기 전체에서 가장 많이 반복되는 단어 중 하나로서 12번이나 나온다. '무른다'는 것은 "사거나 바꾼 물건을 원래 주인에게 도로 주고 돈이나 물건을 되찾다, 이미 행한 일을 그 전 상태로 돌리다"라는 의미이고, redeemer는 '저당 잡힌 것을 도로 찾는 사람'을 뜻한다. 원래는 땅과 관련된 용어였다.

가나안에 정착할 때 제비뽑기 방식이었지만 하나님으로부터 분배받은 땅으로 여기고 그 땅을 기업, 곧 '나할라'(נחלה)라고 했는데 '상속받다' '약속을 취하다' '차지하다'라는 의미, 하나님이 주신 소유라는 뜻이다. 그 땅을 지키며 거기서 나는 열매로 살기 때문에 이스라엘의 신앙을 '나할라 신앙'이라 한다.

그런데 살다 보면 땅을 팔아야 할 때가 있는데 그때 작동하는 제도가 바로 고엘 제도였다. 그 땅을 살 권리나 잃은 땅을 찾을 권리가 가장 가까운 친척에게 있다는 것, 이 제도는 가문의 땅을 지키려는 그들에게 꼭 필요한 조치였다.

> "만일 네 형제가 가난하여 그의 기업 중에서 얼마를 팔았으면 그에게 가까운 기업 무를 자가 와서 그의 형제가 판 것을 무를 것이요" (레위기 25:25)

룻의 결혼도 이 고엘 제도가 배경이 되었다. 특별히 고엘 제도의 연장 선상에 있는 계대결혼, 형제가 자녀 없이 죽으면 다른 형제가 그 형제의 아내를 취하여 자녀를 낳게 해주는 제도인데 룻기에서는 형제간 계대 결혼이 친척까지로 확대된다.

보아스가 고엘이라는 사실을 안 시어머니의 거사 계획으로 추진된 룻의 청혼, 문제는 보아스보다 더 가까운 친척이 있었다는 것이다.

"참으로 나는 기업을 무를 자이나 기업 무를 자로서 나보다 더 가까운 사람이 있느니" (룻기 4:12)

보아스는 순서상 더 가까운 친척의 의사부터 물어야 한다는 입장이었다. 절차를 중시한 보아스, 이게 중요하다. 과정이 어찌 됐든 결과만 좋으면 된다고 생각하는 사람들도 많지만 아니다. 결과가 중요한 만큼 과정도 중요하다. 요즘은 심지어 임신을 혼수라고 하지만 이런 건 문란한 사회 되게 하는 잘못된 풍조, 절차가 중요하다. 보아스는 지금 신중하게 절차를 진행한다.

"보아스가 성문으로 올라가서…그에게 이르되 아무개여 이리로 와서 앉으라 하니…" (룻기 4:1)

더 가까운 친척 아무개 씨와 2절에 보면 성읍 장로 열 명을 청하여 함께 앉는다. 법적 하자가 없게 재판을 한 것이다. 고대는 성문 앞 광장이 시장이 되기도 했고, 사람들의 모임 장소가 되기도 했으며, 재판 장소가 되기도 했다. 거기 모여 마을 어른들이 마을의 대소사를 처리했던 것이다.

베들레헴의 유력한 부자인 보아스가 그 재판을 주도한다. 성경은 그때 아무개 씨가 마침 지나갔다고 했으나 보아스가 사람을 보내 불렀던 것 같다. 그런데 1절에 보면 보아스가 그를 "아무개여 와서 앉으라"고 한다. 틀림없이 이름을 불렀을 텐데 성경은 '아무개'라고 했다. 왜 그랬을까? 그가 고엘 의무를 이행하지 않았기 때문이다.

처음에는 솔깃했는지 내가 무르겠다고 했다.

"그가 이르되 내가 무르리라" (룻기 4:4)

하지만 보아스가 간결 명확하면서도 정중하고 설득력 있게 커뮤니케이션 능력을 발휘하자 겁이 났던지 고엘 의무를 포기한다. 입장을 바꾼 거다. 재산상 피해가 심각할 것이라는 우려 때문, 시어머니까지 달린 것이 부담되었을 수도 있다.

"나는 내 기업에 손해가 있을까 하여 나를 위하여 무르

지 못하노니"(룻기 4:6)

여기서 '손해가 있을까 하여'는 히브리어로 '샤하트'(שחת), '망하다' '흔적도 없이 치우다' '무너지다'라는 뜻이다. 의무를 이행했다가는 망할 것 같다는 생각에 포기한 것이다. 여기서 생각해야 할 것은 부담을 느낀 것이지만 기회를 놓친 것이기도 하다는 거다. 그런데 그의 포기는 보아스의 사랑과 하나님이 이루어 주실 것이란 믿음 때문일 수도 있어 보인다. 왜? 포기가 쉬운 게 아니기 때문이다. 당시는 고엘 의무를 지지 않을 경우 가문에서 쫓겨났다.

> "그의 형제의 아내가 장로들 앞에서 그에게 나아가서 그의 발에서 신을 벗기고 그의 얼굴에 침을 뱉으며 이르기를 그의 형제의 집을 세우기를 즐겨 아니하는 자에게는 이같이 할 것이라 하고 이스라엘 중에서 그의 이름을 신 벗김 받은 자의 집이라 부를 것이니라"(신명기 25:9-10)

이 구절 바로 앞의 8절에 보면 아무개 씨가 스스로 신을 벗는 모습이 나온다. 가문에서 지워진 거다. 그래서 성경에 아무개 씨로 기록될 수밖에 없게 된 것, 의무를 다하지 않았기 때문이다.

고엘이 된 보아스

아무개 씨의 의무 포기로 우선권을 갖게 된 보아스, 장애물이 제거되자 자신이 그 의무를 지겠다며 장로들과 백성들에게 "당신들이 증인"이라고 선언한다.

> "보아스가 장로들과 모든 백성에게 이르되 내가 엘리멜렉과 기룐과 말론에게 있던 모든 것을 나오미의 손에서 산 일에 너희가 오늘 증인이 되었고 또 말론의 아내 모압 여인 룻을 사서 나의 아내로 맞이하고 그 죽은 자의 기업을 그의 이름으로 세워 그의 이름이 그의 형제 중과 그곳 성문에서 끊어지지 아니하게 함에 너희가 오늘 증인이 되었느니라 하니" (룻기 4:9-10)

보아스가 이렇게 자신있게 나선 것은 재산도 넉넉했지만 룻을 향한 사랑 때문이었다.

드디어 룻과 보아스, 원하던 사랑이 이루어진다. 룻이 결혼하게 된 것이다. 보아스가 고엘 의무를 지겠다고 적극적으로 나섰기 때문이기는 하나 이보다는 룻의 대시, 야밤 기습 청혼이 더 결정적이었던 것 같다. 여하튼 둘 다 같은 마음, 결혼은 어쩔 수 없이 하는 게 아니라 꼭 이렇게 멋진 사랑으로 추진되어야 한다.

그런데 이게 도대체 웬 행복인가? 보아스의 책임지는 사랑으로 이삭을 줍던 룻이 아예 밭 주인이 된다. 얼마나 좋았을까? 생각지도 못했던 일, 그저 '이삭줍기'만으로도 만족이었는데 하나님의 선물은 반듯한 신랑과의 재혼이었다. 꿈에도 생각하지 못한 최고의 선물이다. 이거다. 하나님은 구한 것도 주시지만 구하지 않는 것도 주시는 분, 내가 생각하지 못한 것을 넘치게 부어주시는, 하나님은 주는 분이시다(giver).

돌이켜보면 이삭줍기는 가볍게 여기면 안 되는 것이었다. 아니 룻에게 있어서 이삭줍기는 슬픔과 절망을 이기는 특효약이었다. 낯선 땅까지 따라오기는 했지만 아무것도 없는 기가 막힌 상황, 그저 문 닫고 시어머니와 사별의 슬픔을 이기지 못하고 울고만 있었다면 어땠을까? 날마다 곡소리만 났다면 아무도 좋아해 줄 사람은 없었을 것이다.

우리도 필요하다면 분위기를 바꿔야 한다. 가끔 어려움이 생기면 연락을 끊고 아무도 만나지 않고 잠수 타는 사람들이 있는데 그런다고 문제가 해결되나? 오히려 더 꼬이지 않나? 우울증에 걸릴 수도 있고, 외롭게 지내다 건강까지 잃을 수 있다. 그러면 진짜 대책이 없어진다. 여기서 팁이다. "힘들 때는 혼자 있기보다 나와야 산다." 그래야 기분 전환이 되고, 상황을 극복할 대책을 세울 수 있다.

혹시 룻처럼 절망적인 상황에 처했더라도 이삭줍기부터 시도해 보라. 룻은 밖으로 나와 이삭을 주웠기 때문에 밥맛도 좋아지고, 잠도 잘 오고, 고부간의 대화도 달라졌다. 그리고 결국 이삭 줍다가 좋은 신랑을 주웠다.

혹시 나는 어디서 주워야 할까 고민되나? 개인적으로 목사인 필자는 교회가 밭, 교회가 포도원이었다. 교회에 나오는 교인들도 대체로 같은 생각이다. 교회 와서 말씀의 이삭을 줍고, 은혜의 이삭을 줍고, 축복의 이삭을 줍고, 기적의 이삭을 줍는다. 신실하게 이삭을 주워 보라. 그러다 보면 생각이 달라질 것이다. 슬픔은 줄어들고 희망이 싹틀 것이다.

룻기는 한 여인 룻의 단순한 재혼 이야기나 나오미의 행복 회복 이야기가 아니다. 룻이 보아스를 만난 것처럼 우리가 하나님을 만나면 진정한 웃음을 웃게 될 것이라는 복음, 강력한 복음이 담긴 구약의 복음서이다.

여기서 고엘 제도에 관해 소개하지 않은 한 가지 내용을 더 언급한다면 이 제도가 복수에도 활용되었다는 것이다. 가족이 억울한 죽임을 당하면 가족이나 친척이 나서서 복수하는 것, 고엘은 구속자이면서 피의 복수자이기도 했다.

그래서 중동 지역이 지금도 늘 복잡한 거다. 그 복잡한 정세가 바로 이 고엘 제도와 관련이 있다. 잘 보지 않았나? 그들은 누군가가 자국민을 죽이면 의무적으로 복수를 한다. 많이

약화 되기는 했지만, 형제국인 중동 국가들은 서로 도울 의무가 있기 때문에 어느 한 나라가 공격을 당하면 형제국들이 일제히 반응한다. 지금도 계속되고 있는 이스라엘과 주변국들과의 전쟁도 마찬가지다. 그래서 우리는 그들이 서로 공존의 길을 모색하도록 기도하는 것이다.

룻기 말씀을 나누며 보아스는 예수 그리스도('그리스도'는 히브리어 '메시아'의 헬라어 번역)의 모형이라 했다. 맞다. 예수 그리스도는 우리의 고엘(구속자)이시다. 십자가를 지심으로 우리를 구속하신 고엘, 예수 그리스도는 우리를 가족으로 여기시기 때문에 십자가에서 우리 죄값을 지불하고 우리를 죄로부터 해방시키셨다. 그리고 지금도 우리를 위해 싸우신다. 그래서 마귀가 무시로 우리를 해코지하더라도 염려 없다. 왜냐하면 그 분이 우리의 고엘이 되시기 때문이다.

결혼과 축복

보아스가 고엘의 의무를 이행하겠다는 책임지는 사랑을 보이자 성문에 있는 모든 백성과 장로들이 결혼하는 보아스와 룻을 축복한다.

"성문에 있는 모든 백성과 장로들이 여호와께서 네 집에 들어가는 여인으로 이스라엘의 집을 세운 라헬과 레아 두 사람과 같게 하시고 네가 에브랏에서 유력하고 베들레헴에서 유명하게 하시기를 원하노라 여호와께서 이 젊은 여자로 말미암아 네게 상속자를 주사 네 집이 다말이 유다에게 낳아준 베레스의 집과 같게 하시기를 원하노라 하니라"(룻기 4:11-12)

드디어 결혼! 시집갈 때 어떤 사람을 만나 사느냐에 따라 팔자가 달라진다는 '뒤웅박 인생' 룻, 정말 팔자가 달라진다. 한 가문의 대가 끊어지는 것은 그 가문에서 일어나는 일 중 가장 큰 저주요 비극인데 룻은 드디어 보아스와 합법적으로 결혼하게 되었다.

이제 룻은 가계에 흐르는 저주와 가계에 이어진 비극을 끊고 베들레헴 유력자의 아내가 된다. 자기만 좋은 결혼이 아니다. 보아스와 나오미까지 맞게 된 하나님의 헤세드(인애)와 파카드(돌보심)의 클라이맥스, 결혼이 바로 하나님의 헤세드와 파카드의 절정이다. 꿈만 같다. 너무 좋다. 할 수만 있다면 축하를 위해 참석하거나 축의금을 보내고 싶은 너무 멋진 결혼식, 드디어 두 사람이 결혼한다.

1장에서 루트비히 판 베토벤의 '운명 교향곡'(schicksal)이 들리고, 3장에서 베토벤의 '환희의 송가'(An die Freude)가 들리더니 이제 4장에서는 멘델스존의 '한여름 밤의 꿈'의 피날레 '결혼행진곡'(Wedding March)이 울려 퍼진다. 어떤 교인이 "왜 2장은 노래가 없나요?" 물었다. 생각하다 2장 노래는 근래의 곡이지만 룻이 직접 부르면 좋겠다는 생각이 들었다.

내가 누려왔던 모든 것들이
내가 지나왔던 모든 시간이
내가 걸어왔던 모든 순간이
당연한 것 아니라 은혜였소

아침 해가 뜨고 저녁의 노을
봄의 꽃 향기와 가을의 열매
변하는 계절의 모든 순간이
당연한 것 아니라 은혜였소

모든 것이 은혜 은혜 은혜
한 없는 은혜
내 삶에 당연한 건 하나도 없었던 것을
모든 것이 은혜 은혜였소

(손경민, 『은혜』)

재판과 결혼에 증인으로 참여한 동네 사람들은 두 사람의 혼인을 축복한다. 특별히 룻이 라헬과 레아 같게 해달라고 축복한 것이 시선을 끈다. 룻을 이스라엘의 집을 세운 라헬과 레아처럼 되게 해달라는 것, 룻을 통해 상속자가 태어나서 가문이 명품 가문이 될 것을 기대하며 마음을 다해 축복한 것이다.

여기서 동네 사람들이 언니 레아부터 말하지 않고 이름 순서를 '라헬과 레아 같게 해달라'고 축복한 것은 아마 창세기 35:16-19절에 보면 라헬이 베냐민을 낳고 죽어 묻힌 곳이 바로 이곳 베들레헴 길이었기 때문일 수 있다.

마무리한다. 울던 룻이 들에서 웃는 것, 웃음꽃이 활짝 핀, 영원한 꽃이 된 것, 사랑이 이긴 거다. 베들레헴 들이 아니라 온 세상 들판에 핀, 영원한 꽃이 된 것, 희생이 따르는 사랑으로 인해 핀 꽃이라 더 큰 감동이다.

돌이켜 보면 나오미를 향한 룻의 사랑은 희생이었다. 그리고 룻을 향한 보아스의 사랑도 희생이었다. 우리를 향한 예수님의 사랑도 마찬가지다. 예수님의 사랑은 십자가 사랑, 십자가는 예수님의 희생이 고스란히 담긴 최고의 사랑꽃이다. 룻기의 주인공들처럼 예수님과의 사랑을 꽃피워보라. 이 세상 어느 들판에 있든 상관 없다. 기억하라. 룻이 들판에서 웃는다. 영원한 꽃이 된 것이다.

"보아스는 룻을 아내로 맞이하였다. 그 여인이 자기 아내가 되자 그는 그 여인과 동침하였다. 주님께서는 그 여인을 보살피시니 그가 임신하여 아들을 낳았다. 그러자 이웃 여인들이 나오미에게 말하였다. '주님께 찬양을 드립니다. 주님께서는 오늘 이 집에 자손을 주셔서 대가 끊어지지 않게 하셨습니다. 그의 이름이 이스라엘에서 늘 기리어지기를 바랍니다. 시어머니를 사랑하는 며느리, 아들 일곱보다도 더 나은 며느리가 아기를 낳아 주었으니 그 아기가 그대에게 생기를 되찾아 줄 것이며, 늘그막에 그대를 돌보아 줄 것입니다.' 나오미가 그 아기를 받아 자기 품에 안고 어머니 노릇을 하였다. 이웃 여인들이 그 아기에게 이름을 지어주면서 '나오미가 아들을 보았다!' 하고 환호하였다. 그들은 그 아들의 이름을 오벳이라고 하였다…"

룻기 4:13-22 새번역 성경

07
룻이 크게 웃다

▼
▼
▼

룻기를 읽기 시작할 때 룻기의 배경은 사사시대의 마지막 때라고 했다. 그 때 너무도 끔찍한 폭력과 타락으로 얼룩진 암흑기였음에도 불구하고 룻기는 빛나는 이야기라고 했는데 지금쯤은 아마 누구든지 충분히 느꼈을 것이다.

사람들이 별로 주목하지 않을 수도 있는 소소한 일상, 그것도 불행했던 한 가정이 아름답게 일어서는 이야기, 그런데 그 작은 사건을 통해 역사를 빚고 계시는 하나님이 드러난다. 어둠을 희망으로 바꾼, 새로운 길을 열어주신 은혜가 돋보인다. 룻기는 이제 룻이 보아스와 결혼에 성공하며 크게 웃는 해피엔딩(Happy-ending), 마치 고전이나 드라마, 또는 연극에서 보는 상투적 결말처럼 끝이 난다.

사람들이 새드엔딩(Sad-ending)을 싫어하기 때문에 억지로 해피엔딩(Happy-ending)으로 마무리한 것이 아니다. 하나님의 헤세드(חֶסֶד, 인애)와 파카드(פָּקַד, 돌보심)가 만든 해피엔딩(Happy-ending), 어찌보면 엔딩(Ending)이 없는, 마치 계절마다 사라졌던 꽃들이 다음 해에 또 피어나듯 축복이 영원한 인생 역전 이야기가 된다.

출발은 분명 비극(Sad-Starting)이었다. 하지만 기대대로 사랑이 맺어지고, 꿈을 이루는 역전 인생, 아니 꿈에도 생각하지 못했던 행복의 문이 활짝 열리며 성 안이 온통 웃음으로 가득하다. 행복한 결말, 서사시 또는 단편소설 같은 룻기의 끝부분에 룻이 크게 웃는 것에 초점을 맞추어 본다.

나오미가 웃다

룻기 1장을 돌아보면 베들레헴에 흉년이 들어 모압으로 가정이 이주할 때와 모압 땅에서 지내는 10여 년 동안 나오미는 존재감이 없었다. 존재감은 '생명의 샘' 같은 것, 하지만 1장 내용으로 볼 때 나오미는 아예 존재감이 보이지 않는다. 나오미의 1장 21절의 "내가 풍족하게 나갔더니"라는 표현으로 보면 '하나님은 나의 왕'이라는 이름 뜻을 가진 남편 엘리멜렉이 베들레헴의 유지였던 것 같다. 그런데 자신의 기업을 버리고 모압으로 이주할 때 부인으로서의 역할이 없다. 가부장제라서 그럴까? 어쩌면 그저 이름 뜻대로 인생을 '즐겁게' '달콤하게'만 살았을 수도 있다.

나뭇잎 응축 끝에서 비로소 굴러떨어지는 이슬방울 같은 존재감, 그런 존재감은 남편이 죽은 후에도 마찬가지, 도무지 그녀는 보이지 않았다. 두 아들이 모압 여자들과 결혼할 때도 무슨 역할을 했는지 드러나지 않은, 가정을 이끄는 어머니의 존재감이 조금도 보이지 않는 거다. 그러다 두 아들마저 죽는다. 남자란 남자는 다 죽고 씨가 마르는 저주받은 듯한 기구한 운명, 완전 절망 상태가 된다.

그런데 '생명은 상처에서 피어난다'고 했던가? 드디어 나오미의 존재감이 드러난다. 고향 소식을 들은 것이 계기가 되었다.

> "그 여인이 모압 지방에서 여호와께서 자기 백성을 돌보시사 그들에게 양식을 주셨다 함을 듣고 이에 두 며느리와 함께 일어나 모압 지방에서 돌아오려 하여" (룻기 1:6)

그동안 투명인간처럼 살던 나오미가 비로소 자신의 존재감(being)을 깨닫는다. 거친 굴곡을 지나온 인생, '여호와께서 자기 백성을 돌보시사', 이 소식을 듣는 순간, 지난날 자기 삶을 채색했던 일들이 주마등처럼 스쳐 지나간다. 비록 세월이 흐르면서 책갈피에 넣어둔 사진처럼 색이 바래졌지만, 추억은 함께 끼워둔 네 잎 클로버처럼 말라서 바스락거리지만 '별에 부딪친 상처'로 여겼을까? 마치 '책갈피에 고이 접어둔 별의 파닥임'처럼 고향으로 돌아가겠다고, 하나님 품으로 돌아가겠다고 결단한다. 힘겹지만 각성의 눈물로 너울질을 시작한 것이다.

체면을 생각한다면 할 수 없는 귀향, 그저 죽더라도 고향 가서 죽겠다는 단순한 결심만은 아니다. 마치 겨울이 깊을수록 존재감이 드러나는 '겨우살이'처럼, 아니 날이 차진 뒤에야 푸르름을 한껏 뽐내는 소나무와 잣나무처럼 고향 사람들이 주목할 만한 귀향을 결단한다.

하지만 막상 돌아오는 나오미는 여전히 우는 인생, 룻기 1장에서 표현한 "여호와의 손이 나를 치셨고"(룻기 1:13), "전능자가 나를 심히 괴롭게 하셨다"(룻기 1:20), "여호와께서 내게 비어 돌아오게 하셨다"(룻기 1:21)는 생각과 빈손, 울 수밖에 없었다. 얼마나 힘들었으면 자기를 알아보는 사람들에게 나를 '나오미', 곧 '달콤함'이라 부르지 말고, '마라' 곧 '괴로움', '씀'이라 부르라고 했을까?

그래서 1장의 분위기는 세 남자의 죽음으로 인한 장례식, 사별의 통곡과 눈물, 거기에 가난과 고독으로 침울하다. 주체

할 수 없는 눈물이 끝없이 쏟아진다. 그런데 약속의 땅에 돌아와 보아스를 통해 살아계신 하나님의 날개 아래 보호받으며 나오미는 4장을 보면 장례식이 결혼식으로 바뀌고, 행복과 탄생의 축제로 회복된다. 사별의 통곡이 탄생의 기쁨으로 바뀌고, 조가가 축가로 전환된다.

이제는 존재감이 없던 여인이 아니다. 모든 것을 잃었던 불행한 여인도 아니다. 가난하게 새 출발했지만 풍요가 찾아온다. 고독한 여인으로 등장했던 나오미, 이제는 희열에 찬 행복한 여인이다. 4장 후반부는 회복된 나오미의 활짝 웃는 웃음소리가 가정의 통곡소리를 완전히 잠재운 최고의 해피엔딩이다.

아들로 인해 웃다

재판이 끝난 다음 보아스가 결혼을 정식으로 발표하자 동네 사람들이 두 사람을 축복한다. 좋은 동네다. 여기저기서 쑥덕거릴 수도 있는데 평판이 좋은 두 사람의 결혼이었기 때문일까? 베들레헴은 온 동네가 다 복을 빌어주는 아름다운 동네였다. 어디에 살든 우리가 사는 도시도 그저 살기 좋은 도시 정도가 아니라 서로 복을 빌어주는 정말 살기 좋은 도시,

아름다운 도시가 되면 좋겠다.

그런데 주목할 것은 그 다음 내용이다.

"이에 보아스가 룻을 맞이하여 아내로 삼고 그에게 들어갔더니 여호와께서 그에게 임신하게 하시므로 그가 아들을 낳은지라"(룻기 4:13)

동네 사람들이 룻과 보아스를 축복한 것을 비교적 길게 기록한 것과 달리 결혼 생활에 대한 언급은 단 한마디도 없이 바로 "임신하고, 아들 낳은 것"만 언급하고 끝이다. 단편소설로 본다면 너무 했다는 생각이 들 정도지만 성경에서는 13절, 이 한 절이면 충분하다. 이것으로 미션 클리어(Mission clear), 룻은 이제 가문의 수치를 다 씻었다. 하나님의 헤세드(인애)와 파카드(돌보심)가 계속되었음을 보여주기에 충분하다. 잘 들어보라. 부부의 웃음소리가 들리지 않나? 거기에 아이의 웃음소리와 할머니 나오미의 웃음소리까지 더해지면서 이 가정은 온통 웃음꽃 만발이다.

금방 동네에 소문이 퍼졌다. 소식을 들은 베들레헴 여인들이 몰려와 나오미에게 축하 인사를 한다.

"찬송할지로다 여호와께서 오늘 네게 기업 무를 자가 없

게 하지 아니하셨도다 이 아이의 이름이 이스라엘 중에 유명하게 되기를 원하노라"(룻기 4:14)

정말 인심 좋은 동네다. 주인이 일꾼들에게 먼저 인사하고 복을 빌어주는 동네, 서로 좋게 말해주고 진심으로 함께 기뻐해 주는 동네, 심지어 재판 때도 그들은 우리나라 재판 분위기와 너무 달랐다. 함께하며 복을 빌어 준다. 그들의 축하 인사는 시작이 하나님 찬양이다. 14절은 히브리어 원문으로 보면 "바루크 아도나이"(בָּרוּךְ יְהוָה) "여호와여, 우리의 송축을 받으소서"라는 뜻이다. 그들은 지금 이루어진 모든 일이 하나님이 하신 일이라는 사실을 안다. 그래서 수치스러움에서 벗어나고, 노년을 걱정 없이 살게 된 나오미에게 보아스뿐만 아니라 오벳이 고엘이 된 것을 축하한다.

재미있는 것은 동네 이웃 여인들이 아이의 이름을 지어주었다는 것이다.

"그의 이웃 여인들이 그에게 이름을 지어주되 나오미에게 아들이 태어났다 하여 그의 이름을 오벳이라 하였는데 그는 다윗의 아버지인 이새의 아버지였더라"(룻기 4:17)

'보아스의 아들'이나 '말론의 아들'이 아니라 마치 '나오미의 아들'처럼 표현한다. 고엘 제도 중 형사취수법에 따라 태어 낳으니 '말론의 아들'이 맞지만 성경이나 마을 사람들은 '나오미의 아들'이라 부른다.

> "여인들이 나오미에게 이르되 찬송할지로다 여호와께서 오늘 네게 기업 무를 자가 없게 하지 아니하셨도다 이 아이의 이름이 이스라엘 중에 유명하게 되기를 원하노라" (룻기 4:14)
>
> "이는 네 생명의 회복자이며 네 노년의 봉양자라 곧 너를 사랑하며 일곱 아들보다 귀한 네 며느리가 낳은 자로다 하니라" (룻기 4:15)

그 아들이 나오미의 고엘이 되었다는 표현이다. '네 생명의 회복자' '네 노년의 봉양자'라 했다. 죽어가던 나오미의 생명을 살린 자, 나오미의 노후대책이라고 인정한 것이다. 꿈꾸던 대로 이루어진 것, 이 아이는 나오미를 마라에서 나오미로 다시 돌아오게 한 '이름의 회복자'가 된다.

그동안 나오미의 고엘은 룻이었다. 그러다 룻을 통해 보아스라는 고엘을 얻었다. 그런데 이제 룻을 통해 오벳이라는 고엘을 또 얻었다. 그 과정을 본 동네 여인들은 나오미에게 룻을 "일곱 아들보다 귀한 네 며느리"라고 표현한다. 괴로운 세월이 태양에 눈 녹듯 모두 사라지고 밝은 미래가 활짝 열린 것, 태어난 아들로 인해 룻과 보아스가 웃고, 나오미가 웃고, 동네 사람들이 다 크게 웃는다.

영원한 웃음이 되다

 룻이 낳은 아들이 '오벳'이고, 오벳이 낳은 아들이 '이새'라고 했다. 그러니 오벳은 다윗의 조부, 할아버지이다. 그렇다면 룻이 보아스와 결혼하여 다윗 왕가의 조상이 되었다는 말 아닌가? 모압 여인, 과부 룻이 유대인들이 자랑하는 다윗 왕가의 선조가 된 것이다. 엄청난 보상, 엄청난 축복이다. 이방인 과부가 정통 이스라엘로 합류한 것이니 유대인들에게는 탐탁지 않은 것, 어쩌면 족보에서 지우고 싶은 이름이었을 수도 있다. 하지만 유대 중심주의를 배격하고 이방인을 포용하라는 것, 이게 요나서처럼 룻기의 또 하나의 목적일 수 있다.
 11절과 14절에서 "에브랏에서 유력하고 베들레헴에서 유명하게 하시기를 원하며," "이 아이의 이름이 이스라엘 중에 유명하게 되기를 원하노라"라며 기원하는 그 유명한 자가 누군가? 다윗이다. 유다 왕조다. 그러니 오벳을 낳은 건 하나님의 구원사를 잇게 한 엄청난 일이었다.

룻기는 18절부터 마지막 절까지 다윗 조상의 족보를 나열하면서 끝이 난다.

"베레스의 계보는 이러하니라 베레스는 헤스론을 낳고 헤스론은 람을 낳았고 람은 암미나답을 낳았고 암미나답은 나손을 낳았고 나손은 살몬을 낳았고 살몬은 보아스를 낳았고 보아스는 오벳을 낳았고 오벳은 이새를 낳고 이새는 다윗을 낳았더라" (룻기 4:18-22)

유대인들이 자랑스럽게 받드는 족보다. 창세기 5장과 역대상 1:1-4절의 아담부터 노아까지 10대처럼, 또 역대상 1:24-27절의 셈부터 아브라함까지 10대처럼 10대를 기록하며 죽음 이야기로 시작했던 룻기가 출산 이야기로 끝난다.

말론과 기룐 대신 새로운 아이들이 태어나면서 고통과 죽음의 시대를 넘어 희망과 생명의 새 시대를 열어가는 아이들, 이 족보가 바로 하나님의 헤세드다. 룻의 웃음이 큰 웃음이 되었다는 이유가 바로 이거다.

또 흥미로운 거은 룻기의 마지막 단어가 '다윗'이라는 거다. '하나님은 나의 왕'이란 뜻의 엘리멜렉에서 시작한 룻기가 이스라엘의 가장 위대한 왕 다윗으로 끝난다. 사실상 룻기의 마지막 구절인 17절도 다윗으로 끝나고, 22절도 다윗으로 끝나는 것은 다분히 의도적인 것으로 보인다.

그런데 마태복음 1장에 보면 이 족보는 다윗으로 끝이 아니다. 나오미의 생애가 끝나고 1000년이 지난 뒤 그의 가문에서 예수님이 태어나신다. 상상도 할 수 없었던 일, 결국 예수님까지 이어진 족보, 하나님의 다스리심이 보아스를 통해, 그리고 다윗을 통해 실현되고, 최종적으로는 예수 그리스도를 통해 완성되는 것, 얼마나 영광스러운가?

> "유다는 다말에게서 베레스를 낳고 베레스는 헤스론을 낳고 헤스론은 람을 낳고 람은 아미나답을 낳고 아미나답은 나손을 낳고 나손은 살몬을 낳고 살몬은 라합에게서 보아스를 낳고 보아스는 룻에게서 오벳을 낳고 오벳은 이새를 낳고 이새는 다윗 왕을 낳으니라" (마태복음 1:3-6)

마태는 아브라함의 14대 손이 다윗이고, 아브라함의 42대 손이자 다윗의 28대 손이 예수님이라고 정리했다. 이 마태복음의 족보에는 룻기의 족보에서 언급되지 않은 다말(가나안 여인), 라합(여리고 기생), 룻(모압 여인), 이 세 이방 여인의 이름이 들어있다. 다말은 더 언급하지 않겠다. 여리고 기생 라합은 정탐꾼을 숨겨준 후 성경에서 사라진 이름이었는데 마태복음 족보에 등장한다. 가나안 정복의 일등공신 라합, 예수님의 족보에 등장한 것은 기적 같은 영광이다. 이 세 여인과 밧세바(다윗왕의 간통녀)는 예수님의 족보가 아니라 사람의 족보에 올리기도 부담되는 여인들, 빼고 싶은 이름들이었다. 그런데 운명에 굴하지 않은 저들의 이름이 자랑스럽게 올려졌다. 예수님의 족보가 구원받지 못할 사람은 없다는 것을 보여준 것이다.

너무 좋다. 그래서 우리가 예수 믿는 거다. 이름을 족보에 잘 남기기 위해 사는 것, 이게 바로 우리네 인생이다. 룻기의 피날레를 장식한 다윗, 성경에 유난히 그에 대한 찬양이 많다. 위대한 영웅이기 때문이 아니라 하나님의 구원 역사에서 충실히 자기 역할을 다했기 때문이다.

고대 사회나 현대에 이르기까지 왕이나 권력을 가진 자는 신성시되고 추앙받는다. 대부분 가문도 대단하다. 그러나 다윗의 가문은 아니다. 소박하다. 아름답지도 않다. 거대한 삶의 이념이나 이상이 이끌어간 것도 아니다. 그저 먹고살기 위한 노력이었다. 어떤 신학자나 목회자들은 보아스가 룻과 나오미 두 여성에게 당한 늙은 노인의 이야기라고 혹평하지만 아니다. 룻기는 아름다운 사랑 이야기, 그래서 다윗이라는 위대한 왕조의 조상 이야기로 성경에 올려진 것이다.

굳이 미화할 필요도 없지만 굳이 불륜을 저지르고 수습한 차원으로 볼 이유도 없다. 룻이 단순한 성적 유혹을 위해 접

근했다고 보나? 아니지 않나? 보디발 아내의 노골적인 유혹을 뿌리쳤던 요셉처럼 보아스도 성적 유혹처럼 보이는 청혼을 하나님의 날개 아래 보호받기를 원한다며 축복해준 것을 볼 때 그들의 사랑은 순수하고 아름다웠다. 분명히 강조한다. 룻기는 하나님의 헤세드(은혜)가 흐르는, 아름다운 하나님의 구원 이야기이다.

그렇다. 사사시대라는 암흑기에도 하나님은 일하고 계셨다. 그래서 룻이 웃고, 보아스가 웃고, 나오미가 웃고, 태어난 아기가 웃고, 동네 사람들이 웃고, 오고 오는 세대의 사람들이 다 웃는, 웃음소리가 점점 더 커지는 룻기, 룻기를 마치면서 지금도 일하시는 하나님의 은혜로 말미암아 룻처럼 크게 웃는 최고의 행복자가 되시길 축복한다.

룻기
개관

유럽의 문학과 문화에 지대한 영향을 끼친 독일의 문학자이자 철학자인 요한 볼프강 폰 괴테(Johann Wolfgang von Goethe)는 룻기를 "윤리적인 논문이자 전원문학으로 우리에게 전해진 가장 사랑스럽고 완벽한 단편"이라며 윤리적, 문학적으로 높이 평가했고, 귀납법적 성경 연구의 대가이자 성경 교사인 케이 아더(Kay Arthur) 여사는 룻기를 "비통한 사랑 이야기 정도가 아니라 그 이상"이라며 "사사들이 치리하던 당시의 시대적 배경이 너무 어둡기에 훨씬 더 찬란하게 빛나는 구속의 진리"라고 극찬했다.

케이 아더의 평가는 룻기가 아름다운 인생 역전 드라마를 다룬 탁월한 문학작품이나 윤리책 정도가 아니라 그 이상의 책이라는 것, 우리 시대에도 적절한 진리를 제시하며, 우리로 하여금 밝게 떠오르는 새벽별을 기다리게 하고 우리 구속의 날에 대해 더 잘 이해하게 해주는 탁월한 성경이라는 것이다.

분위기는 석양이 지는 가을밤 분위기라고 할까? 인생 흥

년인 죽음과 절망, 고독과 우수에 젖은 한 여인의 인생 말로의 고통스러운 분위기로 시작되지만 반전이 있다. 아무것도 가진 것이 없어서 그저 먹고 살기 위해 들에 나가 이삭을 주웠지만 보아스를 만나 안식을 누리고, 책임 있는 사랑을 묵묵히 수행하는 보아스의 사나이다운 행동으로 나오미 가정이 회복되며, 보아스와 결혼한 룻은 예수 그리스도의 계보에 그 이름이 오르는, 상상도 할 수 없던 영광을 누리게 된다.

구분	내용	중심단어	주제
발단	엘리멜렉 가정의 몰락 (1:1-5)	흉년	나오미 가정이 흉년을 맞다
	컴백하는 나오미(1:6-22)	죽다	
전개	룻과 보아스의 만남(2:1-23)	이삭	룻이 들에 핀 꽃이 되는 반전이 일어나다
	결혼 프로젝트(3:1-18)	은혜	
위기	절차 따라 책임지는 보아스 (4:1-8)	책임	
절정	결혼과 오벳의 출생 (4:9-13)	안식	
결말	축복받는 역전의 묘미 (4:14-22)	찬송	나오미 가정이 회복되다

엘리멜렉 가정의 몰락(1:1-5)

룻기의 배경 부분으로 베들레헴의 흉년, 모압으로의 이주, 이방 여인과 두 아들의 결혼, 남편과 두 아들의 죽음…완전

몰락이라 해도 과언이 아닌 이 상황이 바로 이스라엘의 영적 상태를 보여준다.

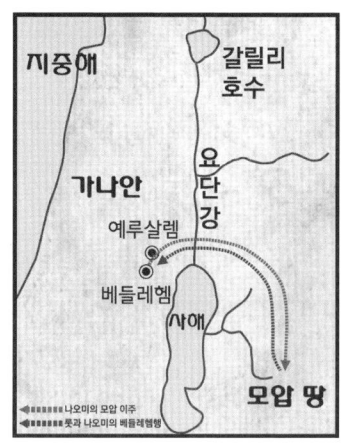

룻과 함께 귀향하는 나오미 (1:6-22)

여호와께서 자기 백성을 돌보시고 그들에게 양식을 주셨다는 소식을 듣고 며느리 룻과 함께 베들레헴으로 귀향하는 나오미, 귀향하며 인생의 반전이 시작된다.

보아스를 만나는 룻 (2:1-23)

생계를 위해 이삭을 주우러 들에 나간 룻이 엘리멜렉의 친족 중 유력자인 보아스와 운명적으로 만나면서 나오미와 룻은 하나님의 돌보심을 맛보게 된다.

기업 무를 책임을 약속하는 보아스(3:1-18)

보아스가 '기업 무를 자'가 될 수도 있음을 안 나오미가 소위 며느리 시집 보내기 프로젝트를 통해 가정의 회복을 도모하고, 룻이 시어머니 나오미의 청혼 작전 지시에 따라 타작마당 야밤 기습 대시를 통해 보아스에게 노골적으로 '기업 무를 자'로서 자신을 받아달라고 압력을 넣자 보아스는 절차를 따라 '기업 무를 자'로서의 책임을 지겠다고 약속한다.

기업 무를 자의 책임을 이행하는 보아스(4:1-12)

더 가까운 친척이 성내의 증인들 앞에서 기업 무를 책임을 포기하겠다고 하자 책임을 이행하겠다는 보아스가 나오미 가정의 기업을 잇는 자가 된다. 결국 두 사람은 사람들의 축복 가운데 결혼한다.

오벳의 출생과 베레스의 계보(4:13-22)

결혼한 두 사람이 아들 오벳을 나오미의 품에 안기는데

그 아들이 베레스의 계보에 오르고, 이스라엘 최고의 왕인 다윗의 조부가 되면서 나오미의 가정은 회복을 넘어 영광의 가문이 된다.

룻기의 주제(Theme)와 각 장의 제목(Title)

룻기 주제		
절망했던 이방 여인 룻이 시어머니 나오미를 선택하고 따라와 하나님을 믿으면서 소망을 이루고, 예수 그리스도의 가계를 이룬다. 인생의 흉년 중에 하나님의 날개 아래 은혜를 입고 안식을 누린다.		
각 장별 주제(요지)	장	제목: 슬픔이 기쁨으로 바뀌다
룻이 나오미를 따라 떠나다	1	믿고 따름으로
은혜를 덧입다	2	섬김으로
안식을 누리다	3	순종함으로
결혼하고 아들을 낳다	4	사랑함으로

각 장의 줄거리

장	줄거리
1	남편과 두 아들이 죽고 흉년들어 고향 베들레헴으로 돌아가는 나오미의 가슴 속에 고통의 강, 마라의 강이 흐른다
2	아무것도 없이 돌아와 먹고 살아야 하는데 룻이 보아스의 은혜로 이삭을 줍게 된다
3	룻이 안식을 누리게 되고, 보아스는 책임있는 사랑으로 룻과의 더 깊은 만남을 약속한다.
4	책임있는 사랑을 묵묵히 수행하는 보아스의 사나이다운 행동으로 나오미 가정이 회복되고, 두 사람은 예수 그리스도의 가계에 나오는 영광의 행진을 이어간다

룻기 개관 도표

구분	1장	2장	3장	4장
중심 인물	나오미와 룻	룻과 보아스	룻과 보아스	보아스, 룻, 나오미
장소	모압 베들레헴	보아스의 밭	타작마당	성문
사건	사별, 떠남	은혜	책임	기업 무를 자와 절차
룻과 보아스	없는 중에	보고	사랑하여	결혼하다

룻기의 핵심 요절

"룻이 이르되 내게 어머니를 떠나며 어머니를 따르지 말고 돌아가라 강권하지 마옵소서 어머니께서 가시는 곳에 나도 가고 어머니께서 머무시는 곳에서 나도 머물겠나이다 어머니의 백성이 나의 백성이 되고 어머니의 하나님이 나의 하나님이 되시리니" (1:16)

"살몬은 보아스를 낳았고 보아스는 오벳을 낳았고" (4:21)

룻기와 에스더서

참혹한 타락상과 전쟁으로 점철된 피의 역사를 기록한 사사기와 시대적 배경을 같이 하면서도 룻기는 한 이방 여인의 신앙과 헌신적인 사랑이 결국 하나님의 축복으로 풍성하게 보상받게 되었다는 훈훈한 정경(情景)을 보여줄 뿐만 아니라 사사시대 이스라엘의 추수 장면과 같은 생활상과 기업을 무르는 절차와 재판 같은 당시의 풍습을 잘 보여준다. 그리고 룻기는 특별히 고대 근동 지방의 엄격한 가부장적 사회 속에서도 주인공으로 여성이 등장한 두 권의 책 중 하나이다.

그 두 권의 책은 룻기와 에스더서인데 문학 양식상으로는 두 권 다 역사서로 분류되지만 구약성경 사무엘상부터 역대하까지 이어지는 정사(正史)와 달리 야사(野史) 같은 특성을 지녔기에 마치 소설 같아 보일 수 있다. 또 문체도 역사서와 달리 정서적 표현이 두드러진다.

그리고 두 책의 배경도 매우 애처롭고 극적이라는 공통점을 지닌다. 룻기가 사사시대라는 내우외란(內憂外亂) 속에서 택한 피난처 모압 땅과 시어머니와 며느리가 돌아온 전형적인 농촌, 고향 베들레헴을 배경으로 삼았다면 에스더서는 바벨론 포로 상황이라는 민족의 역사적 시련기를 배경으로 삼았기에 낯선 이방 땅을 배경으로 삼은 공통점이 있다. 또 두 책은 시대적 배경 묘사를 통해 독자들로 하여금 그 시대의 전경과 풍습, 그리고 분위기를 느끼게 하기에 충분하다.

책 속 음악 감상실
음악이 있는 툿기

수원중앙교회에서 교육국장으로 사역할 당시 성경 대학
강의 후 수강한 교인들이 룻기를 음악과 함께 인물 중심으로
다시 보다 깊게 음미하는 시간을 누리길 기대하는 마음으로
만들었던 비매품 앨범, '이희우 목사와 함께하는 음악이
있는 룻기'라는 제목으로 제작했던 앨범 내용이다.
글자들이 춤추고, 문장들이 노래하는, 영혼을 위한 소리 없는
음악 감상실이랄까? 가사 밑에 소개하는 아티스트의
찬양이나 말씀을 연결하는 다른 적당한 음악을 듣는다면
보다 더 룻기의 맛을 깊이 음미하는 은혜를 누리게 될 줄 믿고,
글과 독자의 교감 속에서만 피어나는 무형의 선율이 가득한
내면의 감상실로 초대한다.

01
나오미 편

▼

▼

▼

룻기는 사사시대, 왕이 없으므로 사람들이 자기 소견에 옳은 대로 행하던 격정의 시대를 살면서 한 가족이 생존을 위해 몸부림치는 역사에 초점이 맞춰진 사랑 이야기이다. 제 1편은 나오미를 중심으로 한 이야기와 찬양으로 함께할 것이다. 영혼의 고향을 찾은 나오미의 인생 회복을 보면서 소망을 갖는 시간이 되기 바란다.

베들레헴에 흉년이 들자 나오미는 남편, 두 아들과 함께 모압 땅으로 이주를 떠나게 되었다.

주의 신을 내가 떠나 어디로 피하리까
주는 모든 것 아시오니 어디로 다니리까
내가 새벽 날개 치며 저 바다 끝에 거해도

어둠도 숨기지 못하리라

주님의 손이 날 인도해

주님은 내 모든 것을 지으신 분이시니

주님의 위대하심을 내가 고백하리라

주의 신을 내가 떠나 어디로 피하리까

주는 모든 것 아시오니 어디로 다니리까

내가 새벽 날개 치며 저 바다 끝에 거해도

어둠도 숨기지 못하리라

주님의 손이 날 인도해

(소리엘,『주의 신을 내가 떠나』)

나오미가 모압으로 갔다는 것은 그의 영적 타락을 의미한다. 흉년을 피해 모압으로 이주했지만 나오미는 더 큰 인생 흉년을 맞는다. 나오미는 모압 생활 10여 년 만에 남편 엘리멜렉과 두 아들 말론과 기룐과 사별하는 큰 슬픔을 당한다.

저 죽어가는 내 형제에게 생명을 주소서

흑암의 권세에 매여 내일을 빼앗긴 저들에게

저 소망 없는 텅 빈 가슴에 새날을 주소서

고통의 멍에에 매여 신음하고 있는 저들에게

아버지여 이 백성 다시 살게 하소서

묶였던 자 자유케 되는 영광의 날을 주소서

아버지여 이 나라 주의 것 되게 하소서

영원하신 하늘 아버지 다시 섬기게 하소서

메마른 뼈들에게 생기를 부어주소서 아버지의 긍휼

주의 군대로 서게 하소서 성령의 바람 이제 불어와

(송정미, 『메마른 뼈들에 생기를』)

인간이 가장 큰 고통과 좌절감을 느낄 때가 언제일까? 개인에 따라 다를 수 있지만 아마 사별의 순간이 가장 큰 고통과 좌절감을 주는 것 같다. 그런데 졸지에 남편과 두 아들이 다 떠나 버린 상황, 아무 소망이 없는 그 기가 막힌 순간, 나오미는 아마 하나님을 생각했을 것이다.

사슴이 시냇물을 찾기에 갈급함 같이

내 영혼이 주님을 찾기에 갈급하나이다

내 영혼이 살아계신 하나님을 갈망하오니

내가 어느 때에 나아가 주님을 뵈올꼬

나를 비방하는 무리들이 나를 상하게 하고

나의 영혼 낙망하여 눈물 흘릴 때에

낮에는 인자함을 베푸시고

밤엔 찬송이 나에게 있어

나의 생명되신 하나님께 내가 기도하리니

나의 영혼아

어찌 낙망하며 어찌 불안해하는고

너는 하나님만, 하나님만 바라라

나의 영혼아

어찌 낙망하며 어찌 불안해하는고

내 얼굴을 도우시는 주를 오히려 찬송하리라

하나님은 나의 피난처 나의 힘이시니

내가 환난 중에 만날 큰 도움이시라

나의 영혼아

어찌 낙망하며 어찌 불안해하는고

너는 하나님만, 하나님만 바라라

나의 영혼아

어찌 낙망하며 어찌 불안해하는고

내 얼굴을 도우시는 주를 오히려 찬송하리라

(박종호, 『사슴이 시냇물을 *시 42편』)

너무 큰 슬픔을 당한 나오미, 하나님 앞에서 아마 호세아서의 고멜과 같은 심정이었을 것이다.

나를 바라볼 때 그는 무엇 보는지
나는 부정한 여인 내 이름은 고멜
부정한 나를 대하며 더욱 순결한 당신
날 사랑하는 호세아 당신은 바보요

날마다 당신 떠나는
사랑받을 가치도 없는
나 같은 사람 사랑하는
당신은 바보요

때론 친구처럼 때론 아비처럼
그 따뜻한 사랑의 미소로 날 이해해주네
모든 것 아낌없이 내게 주신 당신
날 사랑하는 호세아 당신은 바보요

끝없이 용서하는

한없는 당신의 사랑

당신을 떠날 때마다

나를 찾아와

다시 품어주시는 당신

모든 것 아낌없이 내게 주신 당신

나 이런 사랑 본 적 없네

당신은 바보요

(강명식, 『고멜의 노래』)

고향 베들레헴으로 돌아오는 나오미의 이름은 그 뜻이 '기쁨' '희락', 쓰라린 아픔을 안고 돌아오는 나오미는 차라리 '쓴맛' '슬픔'이라는 뜻인 '마라'라고 불러달라고 하지만 마음속으로는 하나님이 자신을 기억해주시기를 간절히 원했을 것이다.

나를 지으신 주님 내 안에 계셔

처음부터 내 삶은 그의 손에 있었죠

내 이름 아시죠 내 모든 생각도

내 흐르는 눈물 그가 닦아 주셨죠

그는 내 아버지 난 그의 소유
내가 어딜 가든지 날 떠나지 않죠

내 이름 아시죠 내 모든 생각도
아바라 부를 때 그가 들으시죠

(디사이플즈, 『내 이름 아시죠』)

인생은 초점 맞추기이다. 어디에 초점을 맞추느냐에 따라서 전혀 다른 인생을 살아갈 수 있다. 나오미는 초점을 주님께 맞춘다. 그래서 나오미의 귀향은 단순한 귀향이 아니었다. 그것은 회개였다. 회개하는 인생을 주님은 어떻게 하실까?

죄에서 자유를 얻게 함은 보혈의 능력 주의 보혈
시험을 이기고 승리하니 참 놀라운 능력이로다

육체의 정욕을 이길 힘은 보혈의 능력 주의 보혈
정결한 마음을 얻게 하니 참 놀라운 능력이로다

구주의 복음을 전할 제목 보혈의 능력 주의 보혈

날마다 나에게 찬송주니 참 놀라운 능력이로다

(후렴) 주의 보혈 능력있도다 주의 피 믿으오
주의 보혈 그 어린 양의 매우 그 귀중한 피로다

(최명자, 『죄에서 자유를 얻게 함은』)

그렇다. 전혀 희망이 없던 나오미의 인생이 반전된다. 힘들고 어려웠을 때도 함께하셨던 하나님은 이제 남은 것을 통해 새롭게 역사하신다. 그렇다면 이제 함께하시는 주님을 기억하는 삶을 살아야 할 것이다.

내가 어둠 속에서 헤맬 때에도 주님은 함께 계셔
내가 시험 당하여 괴로울 때도 주님은 함께 계셔
내가 은밀한 곳에서 기도할 때도 주님은 함께 계셔
내가 아무도 모르게 선한 일 할 때도
주님은 함께 계셔

힘이 없고 연약한 사람들에게 주님은 함께 계셔
세상 모든 형제와 자매들에게 주님은 함께 계셔

(후렴) 기뻐 찬양하네 할렐루 할렐루야

할렐루야 할렐루야

우리 모두 찬양 할렐루 할렐루야

주님 나와 함께 계시네

(다윗과 요나단, 『내가 어둠 속에서』)

베들레헴에 돌아온 나오미는 며느리 룻과 더불어 새롭게 주님의 따뜻한 사랑을 경험하게 된다. 너무도 귀한 사랑, 그 사랑의 품에 안긴다.

저 하늘의 귀한 놀라운 사랑
영원히 잊지 못할 귀한 사랑

내 작은 몸과 마음으로는
주의 그 사랑 다 표현 못하네

갈보리 십자가에 피 흘려 죽으시고
나의 모든 죄 대속하니

영원히 잊지 못하리
주의 놀라운 사랑

온몸과 맘을 드려 그를 찬양해

주의 귀한 사랑

(옹기장이, 『주의 귀한 사랑』)

훌쩍 떠났던 고향, 부끄러운 마음으로 귀향했지만 보아스의 배려에 나오미는 안식을 누리게 된다. 나오미는 하나님 같은 보아스를 통하여 잃었던 미소를 회복하게 되었다. 혹시 어렵고 힘든 삶을 살고 있다면 고난 가운데서도 미소를 잃지 말아야 한다. 고난 가운데 웃는 미소는 세상을 깜짝 놀라게 할 것이기 때문이다.

진리가 너를 자유케 하리라

주의 말씀대로 그대 자유를 얻네

어려운 일들로 그대 시험을 당하나

오직 믿음으로 참된 평안을 얻네

하늘의 천사처럼 웃어봐

그 얼굴의 광채가 아름다워

고난 가운데 웃는 너의 미소가

세상을 깜짝 놀라게 할거야

천사처럼 빛나는 너의 모습

자유와 평안 가득한 너의 미소

(김수지, 『천사처럼』)

마침내 며느리 룻이 보아스와 결혼하고, 대가 끊길 것 같았던 상황을 겪었지만 아들을 낳는 축복을 누리게 된다. 그때 나오미의 심정은 어땠을까?

힘들고 지쳐 낙망하고 넘어져
일어날 힘 전혀 없을 때에
조용히 다가와 손잡아 주시며
나에게 말씀하시네

나에게 실망하며 내 자신 연약해
고통 속에 눈물 흘릴 때에
못자국 난 그 손길 눈물 닦아주시며
나에게 말씀하시네

너는 내 아들이라
오늘날 내가 너를 낳았도다
너는 내 아들이라
나의 사랑하는 내 아들이라

언제나 변함없이 너는 내 아들이라

나의 십자가 고통 해산의 그 고통으로

내가 너를 낳았으니 너는 내 아들이라

오늘날 내가 너를 낳았도다

너는 내 아들이라

나의 사랑하는 내 아들이라

(이은수, 『너는 내 아들이라』)

"너는 내 아들이라 오늘날 내가 너를 낳았도다 너는 내 아들이라 나의 사랑하는 내 아들이라", 나오미가 목이 터지도록 부를 것 같은 찬송이다. 베들레헴 사람들은 나오미를 축복하며 그를 칭송한다. 노래를 잃었던 가정이었는데 하나님은 나오미의 인생에 노래를 주셨다. 우리의 삶도 마찬가지, 하나님이 우리들의 삶에 흐르도록 주신 음악을 즐기는 인생이 되기 바란다.

내게 음악 주신 분

이 기쁨의 노래

주님이 주신 선물

높은 하늘과 푸르른 저 나무

모두 나의 노래

내게 음악 주신 분

이 사랑의 노래

주님이 주신 선물

주님의 사랑 그 이름의 비밀

모두 나의 찬양

할렐루야 찬양을 드리세

나의 생명을 다해 찬양

할렐루야 찬양을 드리세

우리 영혼을 다해 찬양

내게 음악 주신 분 영혼 깊은 곳

흘러나는 그 사랑을 그 기쁨을

그 생명을 다 찬양해

(창문, 『내게 음악 주신 분』)

    늘 기도로 힘을 실어주시는 동역자 이금숙 권사께 부탁해서 특별히 나오미의 생을 돌아보는 시를 얻게 되었다. 그 시는 이런 내용이다.

나오미

그녀의 첫 번째 선택은 아주 큰 실수였습니다
풍족한 세상을 잃었고
사랑하는 남편과 금쪽같은 아들 둘을 잃었습니다

남은 것은 빈손, 빈 마음
그리고 애처로운 두 며느리
그녀의 자존심은 물거품이 되었습니다

어찌하나, 정말 어찌해야 하나

올바른 선택이라고 생각하고 떠났던 모압의 길은
넓고 풍요로워서 옳은 길인 것 같았지만
결국은 아픔뿐이었습니다

서둘러 세상을 좇아 나섰던 회한이
그녀의 마음을 갈기갈기 찢어놓았습니다

그러나 그녀의 마음에 놓지 않은 끈이 있었으니
바로 하나님을 향한 믿음이었습니다

몇 날을 울었는지 몇 달을 고민했는지
나오미는 결심합니다

풍족하게 떠나온 고향에
빈손으로 돌아가는 자신의 모습에
끝없이 자존심 상했지만
그래도 돌아가리라고

자신을 붙좇는 며느리의 손을 잡고 돌아온 고향
비록 가진 것은 없었지만
오직 어머니의 하나님을 섬기겠노라고 고백하는
효성스런 며느리와 함께하는 그녀는
외롭지 않았습니다.

하나님의 긍휼하심 앞에 모든 것을 맡긴
그녀의 삶은 새 살이 돋아나듯
다시 회복되는 은혜가 시작되었습니다

일곱 아들보다 귀한 자부가 낳은 자로다
동네 여인들의 축복을 받으며
대를 이을 손자를 품에 안은 나오미

칭송받는 자의 기쁨을 만끽하는

아름다운 황혼의 여생을 맞았습니다

상상할 수도 없었던 일이었습니다

회개하는 자가 얻는 상급이 바로 이런 것입니다

이금숙 권사, 언제 뵈어도 자상한 미소를 잃지 않고 만나는 모든 사람에게 늘 따뜻한 미소로 사랑을 나누어 주시는 분, 누님처럼 포근함을 느끼게 하는 분이시다.

우리가 읽었던 룻기 속의 나오미, 그녀의 인생이 반전되었던 것을 기억하면서 우리도 인생이 얼마든지 반전될 수 있다는 희망, 신앙을 가져야 한다.

룻기는 사사시대라는 암울했던 시대, 도덕적으로 영적으로 정서적으로 성적으로 타락하고 민족적으로 타락했던 시대, 시대적인 배경과는 어울리지 않는 전혀 다른 모습, 마치 암흑시대에 흰장미가 피어있는 모습처럼 룻의 모습이 아름답게 그려져 있고, 그 배경으로 설명되고 있는 사사기 17장부터 21장까지와는 너무 다른 아름다운 사랑 이야기이다.

나오미의 인생이 이렇게 반전된 것은 전적인 하나님의 은혜였다. 그래서 룻기의 주인공은 룻도 아니고 나오미도 아니다. 바로 하나님이 주인공! 하나님이 우리의 삶을 어떻게 새롭게 하실 것인가에 대해 생각하며, 우리 삶에 하나님이 함께

하시길 간절히 구하고 하나님을 의지하는 믿음으로 살아야 한다. 그러면 우리 삶에 음악이 흐르고, 찬양이 온 우주에 가득한 기쁨을 누리게 될 것이다. 음악이 있는 룻기와 함께하는 모든 분들을 축복한다.

    축복합니다 주님의 이름으로
    축복합니다 주님의 사랑으로
    이 곳에 모인 주의 거룩한 자녀에게
    주님의 기쁨과 주님의 사랑이
    충만하게 충만하게 넘치기를
    God bless you
    God bless you
    축복합니다 주님의 사랑으로

(러브, 『축복합니다』)

02
룻 편

▼

▼

▼

룻기는 절망 중에 있던 룻과 나오미의 감동적인 사랑 이야기인 동시에 극적인 역전승의 이야기이다. 룻기는 패배의 쓰라린 고통을 느끼는 쓰디쓴 인생일지라도 하나님의 은혜가 함께하면 얼마든지 단맛 나는 인생으로 역전될 수 있음을 보여주는 책이다. 멋진 선택으로 상상도 할 수 없었던 고귀한 열매를 맺게 되는 룻을 만나므로 말미암아 사랑으로 살기로 결단하는 행복한 시간이 되기를 바란다.

룻은 베들레헴으로 이주해 온 말론이라는 청년과 혼인함으로써 나오미의 자부가 되고 하나님을 알게 되었다.

나의 주 나의 하나님이여
주를 경배합니다

주 사랑하는 나의 마음을

주께서 아시나이다

깨뜨릴 옥합 내게 없으며

주께 드릴 향유없지만

하나님 형상대로 날 빚으사

새 영을 내게 부어주소서

나의 주 나의 하나님이여

주를 경배합니다

주 사랑하는 나의 마음을

주께서 하시나이다

고통 속에 방황하는 내 마음

주께로 갈 수 없지만

저항할 수 없는 그 은혜로

주님의 길을 걷게 하소서

(경배와 찬양,『나의 주 나의 하나님이여』)

 죽음의 원인을 알 수는 없지만 룻은 시아버지 엘리멜렉의 장례를 치르고 자식 하나 낳지 못한 채 남편 말론과 사별하는 큰 슬픔을 당한다. 룻은 고향으로 돌아가기로 결정한 시어머니 나오미를 따라나섰다가 시어머니로부터 "너희는 각각 어미 집으로 돌아가라"는 말씀을 듣고 선택의 기로에 서게 되었다.

어떤 길로 그분 따르고 섬겨야 할지
다 알지 못해 마음 답답하지만
나의 계획과 방법 욕심의 짐 내려놓고
오직 주만 의지하게 하소서

앞날의 두려움 나의 삶의 안락함
다 내려놓고 가장 낮은 곳에서
오직 그분 나의 가는 길 홀로 아시는
내 주님만 의지하고 따르리

오직 그분
나의 가는 길 홀로 아시는
그분만 의지하리
변함없는 신실하신 그 뜻대로
이루시리라

죽기까지 순종하신 내 주님의 십자가
아직도 난 너무도 모르니
그 고난의 비밀 몸으로 배우게 하사

주님 가신 길 따르게 하소서

오직 그분

나의 가는 길 홀로 아시는

그분만 의지하리

변함없는 신실하신 그 뜻대로

이루시리라

오직 그분

나의 가는 길 홀로 아시는

내 주님만 의지하리

변함없는 신실하신 그 뜻대로

이루시리라 (나의 작정하신 것)

이루시리라 (그분의 시간에)

이루시리

그가 아시니

(강명식, 『그가 아시니』)

"모압 땅에서 재혼하여 새출발하라"는 시어머니의 말씀에 소리 높여 울며 어머니와 함께 가겠다고 따라나섰던 같은 처지의 오르바가 또 다시 간곡히 돌아가라는 어머니의 재촉에 입 맞추고 돌아갈 때 아마 갈등이 있었겠지만 룻은 단호하게 결단한다.

"나로 어머니를 떠나며 어머니를 따르지 말고 돌아가라 강권하지 마옵소서. 어머니께서 가시는 곳에 나도 가고 어머니께서 유숙하시는 곳에 나도 유숙하겠나이다. 어머니의 백성이 나의 백성이 되고 어머니의 하나님이 나의 하나님이 되시리니", 조금도 흔들림이 없다.

1. 내 주님 없인 난 못살아 내 주님 없인 안돼
닻 없는 배처럼 흔들려 주님 없인 난 못살아

2. 주 없이 소망도 없는 세상길 나갔지만
주 예수 나 위해 죽으사 나를 구원해 주셨네

3. 주 없이 실수만 하는 가치가 없는 이 몸
주 없이 닻 없는 배가 바다를 항해함 같네

(후렴) 예수 오 예수 당신은 아는가 우리들의 주를
오 예수 오 예수 내 주님 없인 난 못살아

(최명자,『주님 없이는 못살아』)

아무것도 없는 제로 베이스, 빈손, 빈 마음의 애처로운 두 여인 나오미와 룻, 더욱이 머나먼 타향 베들레헴으로 기대할 만한 것 하나 없이 떠나는 룻의 발걸음은 무거울 수밖에 없었지만 마음은 차라리 평안했다.

    1. When peace like a river attendeth my way
       when sorrows like sea billows roll
       whatever my lot Thou hast taught me to say
       It is well it is well with my soul
       내 평생에 가는 길 순탄하여
       늘 잔잔한 강 같든지
       큰 풍파로 무섭고 어렵든지
       나의 영혼은 늘 편하다

    (후렴) It is well with my soul
        It is well it is well with my soul
        내 영혼 평안해
        내 영혼 내 영혼 평안해

    2. Tough Satan should buffet
       though trials should come

Let this bless assurance control

That Christ has regarded my helpless estate

And hath shed His own blood for my soul

저 마귀는 우리를 삼키려고

입 벌리고 달려와도

주 예수는 우리의 대장 되니

끝내 싸워서 이기겠네

3. My sin O the bless of this glorious thought

My sin not in part but the whole

Is nailed to the cross and I bear it no more

Praise the Lord praise the Lord O my soul

내 지은 죄 주홍빛 같더라도

주 예수께 다 아뢰면

그 십자가 피로써 다 씻으사

흰 눈 보다 더 정하겠네

4. And Lord haste the day

when the faith shall be sight

The clouds be rolled back as a scroll

The trump shall resound

and the Lord shall descend

Even so it is well with my soul

저 공중에 구름이 일어나며

큰 나팔이 울려날 때

주 오셔서 세상을 심판해도

나의 영혼은 겁 없겠네

(Sandi patty, 『It is well with my soul』)

    토마스 카알라일(Thomas Carlyle)은 "선택은 순간이나 그 결과는 영원하다"고 했다. 그렇다. 아름다운 인생은 순간의 선택으로 결정된다. 룻은 인생의 교차로에서 자신만의 행복을 추구하기보다 홀로 남은 가련한 시어머니를 섬기기로 선택한다. 어머니의 하나님께 자신의 인생을 내려놓기로 결단한 것이다.

  1. 당신의 그 섬김이 천국에서 해 같이 빛나리

    당신의 그 겸손이 천국에서 해 같이 빛나리

    당신의 그 믿음이 천국에서 해 같이 빛나리

    당신의 그 충성이 천국에서 해 같이 빛나리

    주님이 기억하시면 족하리

    예수님 사랑으로 가득한 모습

천사도 흠모하는 아름다운 그 모습

천국에서 해 같이 빛나리

2. 당신의 그 순종이 천국에서 해 같이 빛나리

당신의 그 사랑이 천국에서 해 같이 빛나리

당신의 그 찬송이 천국에서 해 같이 빛나리

당신의 그 헌신이 천국에서 해 같이 빛나리

주님이 기억하시면 족하리

불타는 사명으로 가득찬 모습

천사도 흠모하는 아름다운 그 모습

천국에서 해 같이 빛나리

(최미,『해 같이 빛나리』)

마침 베들레헴으로 돌아온 그 때는 보리 추수기였다. 룻은 날마다 보리밭에 나가 이삭을 주우므로 자신의 인생을 시어머니 나오미를 위해 헌신한다. 하나님은 그런 룻의 인생을 외면하지 않으셨다. 아름답게 헌신하는 생애 위에 은혜를 부어 주신다.

Amazing Grace! How sweet the sound!

That saved a wretch like me.

I once was lost, but now I'm found.

Was blind, but now I see.

놀라운 은혜여! 얼마나 그 소리가 감미로운지!

그 은혜가 나 같은 비참한 인생을 구원했네

나는 한때 잃어버려진 존재였지만,

지금은 찾아졌고,

한때 눈이 먼 존재였지만, 지금은 보게 되었네

'Twas grace that taught my heart to fear,

And grace my fears relieved.

How precious did that grace appear!

The hour I first believed!

나의 영혼에 두려워하는 마음을 가르쳤던 것도

은혜였고,

나의 두려움들을 없어지게 해주신 것도 은혜였네

그 은혜가 내게 나타났다는 사실이

얼마나 소중한지!

그 시간에 내가 처음 믿게 되었네!

Through many dangers, toils, and snares

We have already come.

'Twas grace that brought us safe thus far,

And grace will lead us home.

많은 위험들과 고통들과 유혹들을 지나서

우리는 지금 여기까지 왔네

지금 이 순간까지 우리를 안전하게 이끄셨던 것도

은혜였고,

그 은혜가 아버지의 집까지 우리를 인도할 거야

Amazing Grace! How sweet the sound!

That saved a wretch like me.

I once was lost, but now I'm found.

Was blind, but now I see.

놀라운 은혜여! 얼마나 그 소리가 감미로운가!

그 은혜가 나 같은 비참한 인생을 구원했네

나는 한때 잃어버려진 존재였지만,

지금은 찾아졌고,

한때 눈이 먼 존재였지만, 지금은 보게 되었네

(Nana Mouskouri, 『Amazing Grace』)

우연히 찾아간 밭은 시댁의 친족 보아스의 밭이었다. 성경은 보아스를 유력자라 했다. 실력자, 능력자, 부유한 자라는 말이다. 보아스의 등장과 보아스의 보호로 말미암아 룻은 은혜의 아침을 맞게 되었다.

하나님의 사랑을 사모하는 자
하나님의 평안을 바라보는 자
너의 모든 것 창조하신 우리 주님이
너를 얼마나 사랑하시는지

하나님께 찬양과 경배하는 자
하나님의 선하심을 닮아가는 자
너의 모든 것 창조하신 우리 주님이
너를 자녀 삼으셨네

하나님 사랑의 눈으로
너를 어느 때나 바라보시고
하나님 인자한 귀로써
언제나 너에게 기울이시니

어두움에 밝은 빛을 비춰주시고
너의 작은 신음에도 응답하시니
너는 어느 곳에 있든지

주를 향하고 주만 바라볼지라

하나님 사랑의 눈으로
너를 어느 때나 바라보시고
하나님 인자한 귀로써
언제나 너에게 기울이시니

어두움에 밝은 빛을 비춰주시고
너의 작은 신음에도 응답하시니
너는 어느 곳에 있든지
주를 향하고 주만 바라볼지라
주만 바라볼지라

(다윗과 요나단, 『주만 바라볼지라』)

보아스는 유력자였을 뿐만 아니라 친절하고 온유한 사람, 보기 드물게 종들에게 복을 빌어주는 따뜻한 가슴의 사람이었다. 그의 끝없는 헤세드, 은혜를 베풀고 있는 은혜의 사람 보아스는 사랑의 왕 예수 그리스도의 모형이다.

예수님의 사랑 너무나 아름다워요
내 마음을 가득 채운 그건 예수님의 큰 사랑

알지도 못했고 느낄 수 없었던

예수님의 그 큰 사랑을

나는 알게 됐네 느낄 수 있었네

그를 알고 난 그 날부터

예수님의 사랑 너무나 아름다워요

내 마음을 가득 채운 그건 예수님의 큰 사랑

(옹기장이, 『예수님의 사랑』)

주인공 룻은 보아스를 만나면서 인생이 달라진다. 신바람 나는 인생, 살맛 나는 세상을 살게 된 것이다. 행실 좋은 여인, 현숙한 여인으로 소문나기까지 헌신의 눈물을 닦으며 룻은 주님이 주신 아름다운 세상을 바라보고 있었다.

아름다운 세상과 높고 푸른 저 하늘

모두가 사랑하는 우리들을 위하여

지어주신 이 세상

하나님의 놀라우신 그 솜씨를 찬양하네

아름다운 세상과 밤과 낮을 주시고

푸른 들과 꽃나무 해와 달과 별들이

아름답게 빛나고 주의 솜씨 찬양하네
주를 찬양하네

함께 복을 누리며 살아가는 한 세상
모두가 행복하고 영원하신 주 크신 은혜라

다 함께 주님을 찬양하세 영원토록 찬양하세
우주 만물 지으신 하나님의 크신 영광
온 마음 다 바쳐서 영원토록 찬양을
하나님께 드리세

하나님의 크신 영광 찬양드리세 영원토록
찬양드리세 찬양 아멘

(온누리 주향한 성가대, 『주님 주신 아름다운 세상』)

이 아름다운 열매는 절로 맺힌 것이 아니다. 어쩌면 행실 나쁜 여인으로 오해받을 수도 있는, 좀 야하게 청혼하라는 어머니의 말씀까지 주저없이 순종한, 그것은 순종의 결과였다.

감사해요 깨닫지 못했었는데
내가 얼마나 소중한 존재라는 걸

태초부터 지금까지 하나님의 사랑은

항상 날 향하고 있었다는걸

고마워요 그 사랑을 가르쳐준 당신께

주께서 허락하신 당신께

그리스도의 사랑으로 더욱 섬기며

이젠 나도 세상에 전하리라

당신은 사랑받기 위해

그리고 그 사랑 전하기 위해

주께서 택하시고 이 땅에 심으셨네

또 하나의 열매를 바라시며

당신은 사랑받기 위해

그리고 그 사랑 전하기 위해

주께서 택하시고 이 땅에 심으셨네

또 하나의 열매를 바라시며

당신은 사랑받기 위해

그리고 그 사랑 전하기 위해

주께서 택하시고 이 땅에 심으셨네

또 하나의 열매를 바라시며

또 하나의 열매를 바라시며

(조수아, 『또 하나의 열매를 바라시며』)

드디어 룻은 책임질 줄 아는 남자, 영롱한 보석과 같은 보아스와 결혼하게 된다. 그리고 그 결혼으로 룻만 개인적으로 행복하게 된 것은 아니다. 그 결혼은 나오미의 행복으로 이어졌고, 보아스의 행복으로 이어졌다.

나 당신께 서약합니다
나의 하나님과 사람들 앞에서
당신과 함께라면 차가운 겨울도 지나 따뜻한 봄이
찾아오겠죠

나 당신께 서약합니다
마주 잡은 손 말씀 위에 얹고
당신과 함께라면
향기로운 꽃향기와 아름다운 새소리를 듣죠
나의 사랑 어여쁜 자여 일어나 함께 걸어요
우리 이제 하나되어
죽음이 우리를 나누는 그 순간까지

나의 사랑 어여쁜 자여 일어나 함께 걸어요

이제 우리 사랑으로 새로운 세상 만들어 가요

나의 사랑 어여쁜 자여 일어나 함께 걸어요

우리 이제 하나되어

죽음이 우리를 나누는 그 순간까지

나의 사랑 어여쁜 자여 일어나 함께 걸어요

이제 우리 사랑으로 새로운 세상 만들어 가요

(러브, 『사랑의 서약』)

진정한 안식은 사랑하는 사람의 품에 안길 때 주어진다. 그 품을 상실하고 신음하는 사람들의 탄식 소리가 드높다. 그러나 인생은 누구나 예수님의 품에 안기면 안식을 누리게 될 것이다. 감사할 것은 주님이 우리를 안식으로 초대하고 계신다는 사실이다. "수고하고 무거운 짐 진 자들아 다 내게로 오라 내가 너희를 쉬게 하리라"(마태복음 11:28)

우리 모두 노래합시다

세상 모든 근심 가진 사람들도

주님 앞에 두 손 들고 노래하는 이 시간

세상 모든 근심 사라지겠네

우리 모두 기도합시다

세상 모든 고통 가진 사람들도

주님 앞에 무릎꿇고 기도 하는 이 시간

세상 모든 고통 사라지겠네

세상엔 많은 고통과 많은 근심있지요

사람들은 이 일로 눈물 지며 살아요

우리 주님 안에는 참된 기쁨이 있네

나를 구원하신 그 사랑이 넘치네

우리 모두 찬양합시다

세상 모든 슬픔 가진 사람들도

주님 앞에 두손들고 찬양하는 이 시간

세상 모든 슬픔 사라지겠네

(신형원, 『우리 모두 노래합시다』)

나오미 편에 이어서 이금숙 권사께서 이 앨범 제작을 위해 룻에 대한 글을 주셨다.

룻

그녀의 첫 번째 선택은 아픔이었습니다
사랑하는 남편을 잃었습니다

마음은 낙심되었고
희망은 사라졌으며
슬픔과 번민에 가득 차서
끝없이 눈물이 흘렀습니다

앞을 바라보아도
뒤를 돌아보아도
옆을 살필지라도
도울 사람 하나 없는 암담한 상황이

그녀의 삶 가운데 닥쳐왔을 때
오직 사랑하는 자들을 위해 열어놓으신
하늘을 바라볼 수 있는 지혜가
그녀에게는 있었습니다
우리가 아플 때
더 큰 아픔을 느끼시는 분은

하나님 아버지이십니다

우리가 힘들 때
그 품에 안고 가시는 분은
하나님 아버지이십니다

사랑의 하나님은
우리가 고통당할 때
차라리 고통당하시기를 원하시는
아버지이십니다

우리가 방황할 때
곁에서 끝까지 함께하시는
아버지이십니다

룻은 이 진리를 알았습니다

비록 갈 바를 알지 못하고
시어머니를 좇은 귀향이었지만
그녀의 두 번째 선택은 축복이었습니다.

그녀의 눈물겨운 헌신은
모든 보는 이의 마음에
보배로운 아름다움이었습니다

모든 결과는 원인에서 비롯되듯이
룻의 행함에 대한 면류관은
믿음의 가문을 이어가는
남편을 만나는 축복으로 이어졌습니다

성도의 가장 아름다운 축복은
바로 올바른 선택입니다

 이 권사께서 이 글을 주신 것은 우리 모두를 위한 또 다른 헌신이다. 음악이 있는 룻기 두 번째 시간인 룻 편을 마칠 시간이다. 어네스트 헤밍웨이(Ernest Hemingway)는 "때로 인생은 우리를 아프게 하지만 그 상처를 치료하면 우리는 더욱 더 강해진다"고 했다. 거친 폭풍우 다음에 해변의 고요함이 아름답듯 깊은 시련의 강을 건넌 룻의 생애는 참으로 말로 다 형용할 수 없는 아름다움 그 자체였다.
 다윗, 그리고 예수 그리스도로 이어지는 로열패밀리, 고난 후의 영광의 행진, 장차 우리가 누릴 찬란한 하나님의 영광,

우리도 하나님이 예비하신 상상도 할 수 없는 영광의 길을 걷고 있다는 사실을 결코 잊지 말아야 할 것이다.

극동방송 성가대합창으로 연주됐던 『영광의 행진곡』을 대합창으로 들으면서 룻 편은 끝난다.

03
보아스 편

▼

▼

▼

룻기는 역전의 묘미가 아름다운 사랑 이야기이다. 시어머니 나오미에 대한 며느리 룻의 아름다운 사랑과 룻에 대한 보아스의 아름다운 사랑, 생각만 해도 가슴을 두근거리게 한다. 그러나 더더욱 아름다운 사랑은 이 모든 사랑의 이면에 나타나는 그 백성을 향한 하나님의 위대한 사랑이다. 그 사랑이 나오미로 하여금 노래하게 했고, 그 사랑이 룻과 보아스의 노래가 되었으며, 그 사랑이 성내 모든 사람들의 찬양이 되었다. 그 사랑이 오늘 우리 속에 잠재된 탄식까지 희망의 노래로 바꾸어줄 것이다. 나오미, 룻에 이어 보아스를 중심으로 찬양의 기쁨을 풍성하게 누리기 바란다.

　거센 폭풍이 휘몰아치는 절망적인 상황 가운데 있던 나오미와 룻이 만난 베들레헴의 유력자 보아스, 그는 과연 은혜의 사람답게 왕이 없으므로 인해 사람들이 자기 소견에 옳은 대로 행하던 그 시대 속에서도 경건한 삶을 살고 있었다. 온통 천지가 죄악으로 뒤덮인 상황 속에서도 그는 외롭지만 온 땅에 부흥을 기도하고 있었다.

> 세상 모든 민족이 구원을 얻기까지
> 쉬지 않으시는 하나님
> 주의 심장 가지고
> 우리 이제 일어나
> 주 따르게 하소서
> 세상 모든 육체가 주의 영광 보도록
> 우릴 부르시는 하나님
> 주의 손과 발 되어
> 세상을 치유하며
> 주 섬기게 하소서
> 물이 바다 덮음 같이
> 여호와의 영광을
> 인정하는 것이
> 온 세상 가득하리라
> (물이 바다 덮음 같이)×3

보리라 그날에 주의 영광 가득한 세상

우리는 듣게 되리 온 세상 가득한 승리의 함성

물이 바다 덮음 같이

여호와의 영광을 인정하는 것이

온 세상 가득하리라

(물이 바다 덮음 같이)×3

(부흥 2000, 『물이 바다 덮음 같이』)

참혹한 타락상과 전쟁으로 점철된 끔찍한 피의 역사를 만든 사사시대, 무관심, 배도, 무질서로 혼란스럽던 그 사사시대가 문제는 오늘 우리 시대의 모습과 너무 흡사하다는 것이다. 이런 시대적 배경 가운데서도 룻기는 아름다운 사랑을 목가적 전원시로 그린, 훈훈한 정경이 매우 매력적인 주옥같은 작품이다.

한 여인의 헌신적인 사랑과 한 남자의 책임지는 사랑이 만들어 낸 위대한 작품, 두 사람은 서로의 마음을 밝혀주는 창문이 되었다.

어둠의 사람과 주님 사이 벽이 서 있네

사단의 거짓으로 세워진 벽

그러나 하나님의 사랑은 어둠을 물리치네

우리가 그 벽의 창문이 될 때

우리는 창문 우릴 통해 세상이 예수를 보네
우리를 부르셨네
우리는 창문 우릴 열어 그 사랑 세상에 전해
그의 빛을 밝히 비추네
우리는 창문 세상을 향한

어딘가 어둠 속에서 한 아이는 울고
어딘가 어둠 속에 형제가 있네
어딘가 영원히 햇빛을 못 볼 자매도 있네
우리는 빛을 그들 맘에 전해

우리는 창문 우릴 통해 세상이 예수를 보네
우리를 부르셨네
우리는 창문 우릴 열어 그 세상 세상에 전해
그의 빛을 밝히 비추네
우린 창문 세상을 위한

우릴 통해 세상이 예수를 보네

(컨티넨탈싱어즈, 『창문』)

가난과 고난의 길을 선택한 여인 룻과 영웅 보아스의 운명적인 만남은 보리 추수가 시작되던 무렵이었다. 산들바람이 추수를 기다리는 들판에 황금물결을 일으키고 코발트 빛 맑은 하늘 아래 결실의 계절이 무르익는 풍요로운 계절, 어느 날 보아스의 밭에서 그들은 운명적인 만남을 갖게 된 것이다.

    나의 모습 나의 소유
    주님 앞에 모두 드립니다
    모든 아픔 모든 기쁨
    내 모든 눈물 받아 주소서

    나의 모습 나의 소유
    주님 앞에 모두 드립니다
    모든 아픔 모든 기쁨
    내 모든 눈물 받아 주소서

    나의 생명을 드리니
    주 영광 위하여 사용하옵소서
    내가 사는 날 동안에 주를 찬양하며
    기쁨의 제물 되리 나를 받아 주소서

어제 일과 내일 일도

꿈과 희망 모두 드립니다

모든 소망 모든 계획

모든 눈물 받아 주소서

나의 생명을 드리니

주 영광 위하여 사용하옵소서

내가 사는 날 동안에 주를 찬양하며

기쁨의 제물 되리 나를 받아 주소서

우리 가진 이 모든 것들을

다 주께서 우리에게 주시었네

몸밖에 드릴 것이 없으니

내 삶을 받아 주소서

나의 생명을 드리니

주 영광 위하여 사용하옵소서

내가 사는 날 동안에

주를 찬양하며 기쁨의 제물 되리

나를 받아 주소서

(소리엘, 『나의 모습 나의 소유』)

베들레헴의 부자이며 유력자인 보아스는 자신이 부리는 일꾼들과도 서로 존경하고 서로의 권리를 인정하는, 관계가 아름다운 사람이었다. 평소 좋은 인간관계를 바탕으로 형성된 그 아름다운 인격 앞에 현숙한 여인의 대명사인 룻이 나타난 것이다.

이 세상 사는 사람들은 모두
저마다 사는 방법 갖고 있죠
똑똑하게 사는 자 어리숙하게 사는 자
미친 듯이 사는 자

내가 아는 한 사람의 사는 법
이제 이야기하려 하는데
오 그 말이 맞다고 생각하면
꼭 그대로 살아봐요

그 마음이 언제나 가난하고
슬플 때 슬퍼할 줄 알며
유순한 양처럼 온유하며
옳은 것을 기뻐하는 자

1. 불쌍해하는 맘이 항상 있고
   누구든지 사이좋게 지내며
   이러한 마음 있기 때문에
   조롱을 당해도 기뻐하죠

2. 깨끗한 마음 항상 갖고 있어
   그 마음에 하나님이 계시며
   말씀대로 그대로 살기에
   조롱을 당해도 기뻐하죠
   핍박을 받아도 기뻐하죠
   고난을 당해도 기뻐하죠
   기뻐하고 또 기뻐하고 기뻐하며

   (송정미, 『내가 아는 한 사람의 사는 법』)

성경은 룻이 우연히 보아스의 밭에 이르렀다고 했지만 그건 결코 우연이 아니었다. 세상에 우연은 없다. 하나님의 사람들에게는 모든 것이 다 섭리(providence)일 뿐이다. 그 밭은 하나님이 미리 환상적인 장면을 예비하신 행복한 만남의 장소가 되었다.

내가 아주 어릴 때부터 다닌 교회가 하나 있지

지금은 떠난지 오래지만 항상 내 맘에 기억되지

파란 낡은 천막 사이로 빗물은 새어들었지만

주님 말씀은 가득했었지

한강이 보이는 풀꽃 가득한 잔디에 모여서

그림을 그리기도 하며 목청 높여 노래했었지

아이들의 성화 속에도 하얀 고운 이를 드러내며

우리 선생님은 웃기만 했지

어느덧 십여 년이란 세월 지나 이젠 어른이 되어서

다시 찾은 그 곳엔 교회는 보이지 않고

커다란 빌딩만이 대신해

그리워 그리워해도 다시 갈 수 없는 곳

내가 처음으로 주님을 만난 곳

그리워 그리워해도 다시 볼 수 없는 곡

나의 어린 꿈과 믿음이 새겨있는 곳

(뜻밖의 손님,『내가 다닌 교회』)

교회가 행복한 만남의 장소, 미팅 하우스임을 기억할 필요가 있다. 밭에서 이삭을 줍는 많은 여인들 가운데 유독 룻은 보아스의 눈길을 끄는 소녀였다. "저 젊은 여인은 누구지?" 보아스의 이 질문 속에는 아름다운 소녀를 사모하는 남성의 모습, 보아스의 흔들리는 마음이 드러나고 있다.

그대를 향한 나의 마음은
어둠은 이길 수 없는 깊고 깊은 생명의 힘

그대를 향한 나의 마음은
아침내 창가에 내린 햇살과 같네

그대를 향한 나의 마음은
절망은 어쩔 수 없는 날마다 새로운 소망

그대를 향한 나의 마음은
내게 와 내 작은 삶을 향기롭게 해

내 시로는 너무 부족한
내 노래에 다 담을 수 없는
내가 전엔 느끼지 못한
새로운 나의 기쁨

그대를 향한 나의 마음은
그대를 내게 허락한 그분을 보게 하는 힘

그대를 향한 나의 마음은
이토록 나의 전부를 아름답게 해

내 시로는 너무 부족한
내 노래에 다 담을 수 없는
내가 전엔 느끼지 못한
새로운 나의 기쁨

그대를 향한 나의 마음은
그대를 내게 허락한 그분을 보게 하는 힘

그대를 향한 나의 마음은
이토록 나의 전부를 아름답게 해
내게 와 내 작은 삶을 향기롭게 해
이토록 나의 전부를 아름답게 해

(꿈이 있는 자유, 『그대를 향한』)

세계적으로 유명한 화가 레오나르도 다빈치(Leonardo da

Vinci)는 "위대한 사람일수록 깊은 사랑을 한다"고 했는데 진정 사랑에 빠진 한 남자의 반응을 보고 싶다면 바로 이 사람 보아스를 보면 될 것이다. 참된 사랑은 사랑하는 사람을 위한 모든 세심한 배려와 보호가 자동적으로 뒤따르게 마련인데 룻을 본 보아스가 그랬다.

룻에 대한 사랑이 일기 시작한 보아스의 이 사랑은 여인의 안전에 대한 염려와 보호로 나타나는데 그 모습은 마치 "내게로 와서 생수를 마시라"는 주님의 말씀을 연상하게 하는 모습이었다.

주 예수 오셔서 내 슬픔 아셨네
내 앞일도 내 주 아셨네
나 주를 버리고 떠나갔네
주님 약속대로 날 붙드셨네 주 말씀하네

너 물가로 곧 나오라 내게 오라
너의 목마른 것 다 채우리라
방황할 때에 흘리던 네 눈물
그 눈물 위하여 내가 죽었노라

내 주의 사랑 다 알 수 없지만

나는 믿네 날 위한 사랑

영광 다 버리고 나를 위하여

십자가 지사 자유 주셨네 주 말씀하네

너 물가로 곧 나오라 내게 오라

너의 목마른 것 다 채우리라

방황할 때에 흘리던 네 눈물

그 눈물 위하여 내가 죽었노라

내 마음과 영혼 다 주께 드리네

주 없는 삶은 다 허무한 것

구주여 내게 문을 여소서

주의 크신 사랑 나 찬양하리 주 말씀하네

너 물가로 곧 나오라 내게 오라

너의 목마른 것 다 채우리라

방황할 때에 흘리던 네 눈물

그 눈물 위하여 내가 죽었노라

(최미,『물가로 나오라』)

보아스는 나오미와 룻의 타는 목마름을 알고 생수로 갈증을 풀게 한다. "룻을 건드리지 말라. 마실 것을 주라. 떡도 주고 곡식도 주어 배불리 먹고 남게 하며 숫제 보리 단에서 보리를 뽑아 줍게 하라", 일부러 이삭을 더 만들어주는 사랑, 그 사랑은 일회용도 선전용도 아니었다.

나의 사랑 어여쁜 이여 일어나 함께 가자
그 겨울도 지나가고 또 비도 그쳤고
지면에는 꽃이 피어 새들 노래할 때 이르니
산비둘기 소리 이 땅에 들리는구나

나의 사랑 어여쁜 이여 일어나 함께 가자
그 겨울도 지나가고 또 비도 그쳤고
무화과나무에는 푸른 열매 익었고
포도나무꽃이 피어 그 향기를 날리누나

나의 사랑 어여쁜 이여 일어나 함께 가자
날은 기울고 긴 그림자 드리워질 때
나의 사랑 어여쁜 이여 일어나 함께 가자
베데르산 노루 어린 사슴같이 우리

(이무하, 『나의 사랑 어여쁜 이여』)

보아스는 룻에게 "여호와께서 네게 행한 일에 보답하시기를 원하노라"라고 말한다. 이 말은 차라리 보아스의 기도라고 해야 할 것 같다. 그런데 그의 기도는 축복기도였다. 그리고 그의 기도 대로 이루어졌다는 것이 룻기의 핵심이다.

인간관계 중 축복해주는 관계가 으뜸일 것이다. 칭찬도 격려도 중요하지만 축복이 전제된다면 더욱더 기쁜 날을 살게 될 것이다.

> 우리가 만난 것은 하늘의 축복
> 새들도 예쁜 꽃들도
> 노래하네요
> 너의 아프던 날들 나의 방황의 끝
> 십자가 앞에 내려놓고
> 희망의 나라로
>
> 우리의 마음속에 가득한 평화
> 하늘의 해와 별들도
> 누릴 수 없네
> 너와 나 하나 되어 사랑을 전해요
> 하늘의 축복 가득한
> 아름다운 세상

오늘 같이 기쁜 날
다 함께 노래해요

오늘 같이 기쁜 날
다 함께 축하해요

(좋은 씨앗, 『오늘 같이 좋은 날』)

보아스는 룻이 "하나님의 날개 아래 보호를 받으러 왔다"고 말한다. 하나님의 보호의 날개 아래, 그곳은 암탉이 병아리를 품듯 하나님의 보호를 받는 곳이며, 구원을 누리는 곳이자 안식의 장소이다. 성도들이 소망 중에 안연히 거할 곳, 십자가의 그늘 아래이다.

가장 안전한 장소, 평화를 누릴 장소, 그리고 새 힘을 얻는 장소, 그 날개 그늘 아래 거하는 축복 주신 주님께 감사 찬송을 올려드리는 것이 마땅할 것이다.

날 구원 하신 주 감사
모든 것 주심 감사
지난 추억 인해 감사
주 내 곁에 계시네

향기로운 봄철에 감사

외로운 가을날 감사

사라진 눈물도 감사

나의 영혼 평안해

길가에 장미꽃 감사

장미꽃 가시 감사

따스한 따스한 가정

희망 주신 것 감사

기쁨과 슬픔도 감사

하늘 평안을 감사

내일의 희망을 감사

크신 사랑 감사해

응답하신 기도 감사

거절하신 것 감사

해처럼 높으신 은혜

모든 것 채우시네

아픔과 기쁨도 감사

절망 중 위로 감사

측량 못할 은혜 감사

크신 사랑 감사해

(최명자, 『감사 찬송』)

저녁식사를 마치고 잠자리에 들었을 때 보아스의 거동을 몰래 지켜보던 룻이 주위를 살피며 보아스의 발치 쪽 담요(?)를 들치고 들어가 그 곁에 누웠다. 잠결에 깜짝 놀란 보아스, 누군가 봤더니 룻이었다. 누구보다도 만나고 싶었던 여인, 그것도 부드러운 음성과 은은한 향기를 풍기며 이제까지의 모습 중 가장 아름다운 모습으로 미소 지으며 다가온 룻이기에 보아스는 그 기쁨을 감출 길이 없었을 것이다.

그래서 절차를 따라 두 사람은 마침내 혼인을 하게 되었고, 아들을 낳아 구세주의 가계를 이루게 되었다.

거룩한 성전에 거하시며

하늘 보좌에 계신 주

주가 베푸신 모든 사랑

우리 찬양을 주님께

오 아름다운 주의 영광

승리의 함성 들리네

죽임 당하신 어린 양께

우리 큰소리 외치며

거룩한 성전에 계신 주

우리 주님앞에 서서

이전의 성도들과 함께

주 보좌 앞에 엎드려

찬양 알렐루야 알렐루야 알렐루야

찬양 알렐루야 알렐루야 알렐루야

(예수전도단, 『거룩한 성전』)

신명나는 삶, 우리의 삶도 이래야 한다. 그리고 여기서 누구의 글인지는 알 수 없지만 인터넷 커뮤니티에 올라온 너무도 아름다운 '소설 같은 사랑 이야기'를 나누고 싶다.

시골에서 농사를 지으며 살아가는 청년이 있었다. 준수한 외모에 시원시원한 성격, 섬세한 배려까지 어느 하나 나무랄 데 없는 너무나 아름다운 청년이었다. 하지만 농촌을 좋아하는 여자가 없어서 청년은 결혼을 하지 못했다.

청년은 어느 날부터 컴퓨터를 장만하고 인터넷을 하면서 도시에 사는 젊은 사람들과 카페에서 활동을 하다가 어느 여자와 이메일을 주고받게 되었다. 청년은 '바다'라는 닉네임을 가졌고 여자는 '초록물고기', 청년이 느끼기에 여자는 박학다식하면서도 검소하고 아름다운 마음을 가지고 있어 보였으며 농촌에 대해서도 많은 이해를 하고 있어 보였다. 여자와 주고받는 메일의 횟수가 많아질수록 청년의 가슴 속에는 여자를 향한 분홍빛으로 사랑이 싹틈을 느낄 수 있었다.

이메일을 1000여 통을 주고받으면서 두 사람이 무척 가까워졌을 때 청년은 뜨거운 마음을 담아 프로포즈를 했다. 그러나 그가 가까워지고자 할수록 여자는 점점 움츠려들며 멀어져 갔다. 마치 눈덩이에 입김을 불어 넣어서 따뜻한 온기를 넣어 주고 싶어 하지만 그 온기에 눈물로 녹아지는 눈덩이처럼 여자는 자꾸만 작아졌다.

청년이 사랑을 고백하기 전에는 하루에 열통씩 오가던 메일이 사랑을 고백하고 나서는 일주일을 기다려야 겨우 답장이 오곤 했다. 그마저도 답장은 늘 한두 줄의 짧은 답이었다. 청년은 절망했다. 그토록 믿어 왔던, 또 믿고 싶었던 늦게 찾아온 사랑이었에 더욱더 절망했다. '누구든 시골은 싫은가 보구나, 다 이상일 뿐이야. 나처럼 힘들고 열악한 환경에서 농촌을 지키고자 하는 내가 바보지.'

청년은 대학을 나와서 다른 친구들이 좋은 직장으로 취직을 하고자 할 때 우루과이라운드로 농촌이 신음할 때 농촌을 지키고자 부모님 반대를 무릎쓰고 농촌에 정착을 했지만 정작 견디기 힘든 것은 외로움이었다.

　청년은 도무지 일이 손에 잡히지 않았다. 닉네임이 '초록물고기'란 것밖에는 아는 것이 없는데, 얼굴도 모르는 여자에게 이렇게 빠져 버릴 줄은 몰랐다. 그 무엇에도 두렵지 않던 자신이 이제는 초록물고기가 사라질 것 같아 두렵다.

　한 달째 메일 수신 확인이 안 되었다. 의도적으로 피하는지 아니면 무슨 일이 있는지 도무지 알 수가 없다. 청년은 다시 절실하게 여자에게 메일을 보냈다.

　"초록물고기 님! 너무나 절실해서 가슴으로 울어 보지 않은 사람은 모릅니다. 남들은 쉽게 잠이 드는 밤에 술기운을 빌려서 잠이 들어보지 않은 사람은 모릅니다. 그 사람이 맨정신으로 잘 수 없을 만큼 복잡한 이유를. 비 오는 밤 사람이 그리워서 여기저기 수첩을 뒤적여도 맘 편하게 전화할 사람이 없어서 전화기를 들지 못할 정도로 서글퍼 보지 않은 사람은 모릅니다. 그 사람이 느끼는 소외감을. 많은 사람들이 웃으며 걷는 거리를 바쁘고도 무거운 걸음으로 혼자서 걸어 보지 않은 사람은 모릅니다.

그 사람이 왜 무거워하는지. 누가 건들지 않아도 늘 깨질 것처럼 바람 불면 날아갈 듯 위태롭게 살아보지 않은 사람은 모릅니다. 기댈 사람이 없어 늘 누구에게 의지하고 싶어하는 마음을. 쓸데없는 생각의 깊이, 여기에 질식되어 죽을 것 같은 마지막 남은 자존심을 지키고자 가슴으로 울어보지 못한 사람은 모릅니다. 그 사람의 외로움이 얼마나 깊은지. 사랑하는 이가 그리워도 보지 못하는 아픔을 견뎌보지 못한 사람은 모릅니다. 그 사람이 얼마나 고통스러워하는지. 그 속이 타서 얼마나 쓰린지…"

한 달 후쯤 그토록 애타게 기다리던 초록물고기에게서 이메일이 왔다.

"바다 님! 나 당신을 사랑해도 될까? 하고 많은 시간 고민을 했습니다. 그러나 저는 어릴 적부터 한쪽 다리가 불편한 소아마비를 앓고 있습니다. 그리고 또한 얼굴도 어릴 적 덴 화상으로 흉터가 많이 져 있답니다. 그래서 직장생활은커녕 집안에서 어둔 커튼으로 햇살을 가리고 혼자서 살아가고 있습니다. 저는 가진 것도 없습니다. 더구나 몸마저 이래서 누구 하나 쳐다보지 않습니다. 그 동안 사이버 상에서 많은 사람들을 사랑하고 사랑을 주고 싶었지만 다들 저를 보면 그만 등을 돌렸습니다. 그 이후엔 사람을 만나는 일이 두려워 저에게 호감을 주는 남자가 있다면 먼저 등을 돌리곤 했습니다. 사랑을 하기도 전에 버림을 받는 제 자신이 너무 가여워서지요. 바다 님에게 메일을 받은 순간 기쁘고 설레였으나 바다 님에 대한 좋은 감정을 가지고 있는 저에게 다시 아픔을 줄 수가 없어서 바다 님에게 다가갈 수가 없었습니다. 이런 저를 사랑할 수 있다고 자신합니까?"

청년은 눈앞이 아득했다. 기다리고 기다리던 여자의 소식이었지만 여자의 결점을 알고 나니 갈등이 생겼다. 부모님의 실망하실 모습을 떠올리자 청년은 너무 괴로웠다. 육체보다는 영혼이 중요하다고 자부하던 청년이었기에 고통스러울 뿐이었다. 자신이 위선자가 되는 거다. 남의 일에는 정신을 중요시하면서 자신의 일은 껍데기를 더욱 중요시하는 것이었다. 몇 날 며칠을 고민하던 청년은 여자에게 다시 이메일을 보냈다.

"초록물고기 님! 사랑하는, 이제 당신에게 사랑한다는 말을 해야겠습니다. 사랑하는 내 단 한 사람, 초록물고기 님! 당신에 대해서 고민을 많이 했습니다. 하지만 당신에게는 건강한 몸을 가진 내가, 또한 저에게는 아름다운 영혼을 가진 당신이 필요하다는 것을 알았습니다. 당신이 말한 당신의 결점은 오히려 나에겐 기쁨이 된다는 것을 깨달았습니다. 바위틈에 조용히 피어나 눈길 한번 받지 못하는 제비꽃처럼 저만 당신을 사랑할 수 있는 자격이 주어지는 것이기 때문입니다. 초록물고기가 바다의 품에서 맘대로 헤엄치는 날 나는 비로소 내 스스로 당신을 사랑할 자격이 있다고 말하겠습니다. 초록물고기가 넓은 바다에서 자유로이 헤엄칠 자유를 드리겠습니다."

얼마 후 두 사람은 서로 만나기로 하였다. 청년은 여자의 불편한 몸이 걱정이 되어 서울로 올라가겠다고 하였지만 사는 걸 보고 싶어 하는 여자의 부탁으로 지금은 폐교가 된 초등학교에서 만나기로 하였다. 여자는 전화번호도 알려주지 않고 무작정 3월 14일 학교에서 가장 큰 나무 밑에서 만나자고 하였다. 그리고 드디어 3월 14일, 청년은 여자가 혹 못 찾을까봐 한 시간 반이나 먼저 나가서 여자를 기다렸다.

여자는 남자의 애간장을 다 태우고 20분이나 늦게 도착했다. 교문에서부터 웬 날씬한 여자가 목발을 짚고 머리엔 노란 스카프를 두른 채 뚜벅뚜벅 청년의 눈에 점점 크게 다가왔다.

"혹 초록물고기 님이시나요?" "그럼, 바다 님 맞나요?"

여자는 부끄러운 듯이 살며시 고개를 숙이더니 "이제 저를 보여 드릴게요" 하더니 여자는 안경을 벗고 스카프를 벗어서 나뭇가지에 걸었다. 그 순간 남자는 눈이 휘둥그레지고 얼굴이 화끈거렸다. 여자는 얼굴에 흉터 하나 없이 우윳빛 얼굴에 이목구비가 또렷한 굉장한 미인이었다. 그리고 여자는 목발을 내리고 아무렇지도 않게 나무 밑 벤치에 앉더니 환한 미소를 지으며 "놀랬나요? 처음부터 속이려던 것은 아니었습니다. 다만 내 영혼을 사랑하는 사람을 만나고 싶을 뿐이었습니다. 이제 당신의 바다에서 헤엄쳐도 될까요?" 청년은 물기어린 눈빛으로 와락 여자를 껴안았다. 멀리 바라보는 보리밭 위로 아지랑이가 아른아른 피어나고 있었다.

보아스가 룻이 있는 곳으로 내려왔다는 사실을 생각해보라. 그는 룻을 있는 모습 그대로 사랑했고, 룻의 필요를 채워주고, 룻의 문제를 잘 해결해 주었다. 룻의 남편이 되어 그녀를 자기의 수준으로 끌어올려 저주받을 이방 여인의 신분에서 선택받은 신부의 자리에 앉게 해 주었다. 사랑했기에 보아스는 어떤 대가도 희생도 기꺼이 치르고, 큰 기쁨과 자랑으로 삼았다.

보아스는 예수 그리스도를 상징한다. 성육신하신 예수 그리스도의 은혜를 입으면 누구든지 룻처럼 복 받게 될 것이다. 해피 엔딩을 확신하고 승리의 삶을 살기를 축복하며, 주님을 향한 사랑의 고백으로 음악이 있는 룻기를 모두 마친다.

사랑합니다 나의 예수님
사랑합니다 아주 많이요

사랑합니다 나의 예수님
사랑합니다 그것 뿐예요

사랑한다 아들아
내가 너를 잘 아노라

사랑한다 내 딸아
내게 축복 더 하노라

(월요기도모임, 『사랑합니다 나의 예수님』)

사랑한다 아들아

내가 너를 잘 아노라

사랑한다 내 딸아

내게 축복 더 하노라

(사랑합니다 나의 예수님)

책 속
미술관

예술인들이 건물 짓고 입주하면서 자연스럽게 형성된 춘천 금병산의 예술촌, 김유정 문학관을 지나 산국농장 비탈길을 따라 산을 오르면 '예수 안에서 예술의 기쁨과 쉼을 누리는 곳'이라는 의미와 '예수님의 말씀이라면 무엇이든 순종한다'는 뜻으로 지어진 '예예동산'이 자리잡고 있다.

동산지기는 마치 보아스와 룻 같은 잰틀맨 권태환 집사(서울대 사회학과 명예교수)와 현숙한 유명애 권사(화백) 부부, 두 분과 오랜 친분이 있는 윤문선 목사 부부와 함께 2010년 유 화백의 모친 박정희 화백의 인천 아틀리에를 방문한 데 이어 금년 3월 18일 예예동산을 방문해 함께 교제하다가 그 분의 수채화를 도서 출판에 사용해도 좋다는 허락을 받게 되었다. 섬세한 붓질과 다채로운 색채, 독자들의 영혼을 채우는 무한한 영감의 보고, 외부의 방해 없이 평안함을 누리는 내면의 갤러리가 되기 바란다.

피어난 열정

당현종의 후궁 양귀비의 미모에 빗대 양귀비라 불리는 꽃, 실존 인물 양귀비 때문에 한 나라가 파탄난 것처럼 한 사람의 인생 혹은 나라를 파탄내는 마약의 원료라는 점에서 북한 문화에서는 '아편꽃'이라 불리기도 하지만 아편 성분이 없는 개양귀비는 꽃양귀비로 불리기도 한다.

별명이 우미인초인데 항우의 연인 우미인의 이름을 붙인 것, 그저 사랑만 하다가 죽은 우미인이 아편이 없는 양귀비에 이름을 남긴 것이라 한다. '피어난 열정'이라는 제목을 붙여본다. 보아스를 만난 이후 들로 나가는 룻의 발걸음도 피어난 열정으로 춤을 추듯 가벼웠을 것이다.

5월의 장미

사랑처럼 아름답고 상처처럼 아픈 장미(Rose), 장미는 오래도록 사람들의 감정과 함께해온 상징적인 존재, 유명애 화백의 '5월의 장미'는 장미의 상징 너머에 숨겨진 감정의 진실까지 아름답고 화려하게 드러낸다.

"가장 쓸쓸한 날 꺾고, 가장 즐거운 날 꺾고, 가장 그리운 날 꺾는 꽃, 꺾으며 찔려 피를 흘리고, 눈물을 흘리지만 꽃잎은 꺼이꺼이 웃는다"는 장미처럼 감추고 싶은 티나 흠이 있지만 말없이 그 모든 고통을 감내하고 마침내 크게 웃게 된 룻, 룻은 가장 돋보이는 5월의 꽃이 되었다.

봄의 찬양

"너희가 어찌 의복을 위하여 염려하느냐 들의 백합화가 어떻게 자라는가 생각하여 보라 수고도 아니하고 길쌈도 아니하느니라…솔로몬의 모든 영광으로도 입은 것이 이 꽃 하나만 같지 못하였느니라…들풀도 하나님이 이렇게 입히시거든 하물며 너희일까보냐"(마 6:28-30)

'꽃들도'라는 찬양이 절로 나오게 하는 그림이다. 이곳에 생명 샘 솟아나 눈물 골짝 지나갈 때 머잖아 열매 맺히고 웃음소리 넘쳐나리라. 그날에 하늘이 열리고 모든 이가 보게 되리라. 마침내 꽃들이 피고 영광의 주가 오시리라. 꽃들도 구름도 바람도 넓은 바다도 찬양하라! 찬양하라! 구주 예수를! 하늘에 올리며 노래해 나의 영혼아! 은혜의 주, 은혜의 주

슬픔을 감싸주다

1차 세계 대전 중 가장 치열한 전투가 벌어졌던 플랑드르(Flanders) 지역 들판, 포탄으로 황폐해진 그 들판에 지천으로 피어났던 꽃양귀비, 전쟁의 참혹함과 전사자들의 넋을 기리고 싶었을까? 꽃잎이 없이 쉽게 떨어져 인생의 덧없음과 아름다움의 순식간적 소멸, 그리고 피할 수 없는 죽음을 상징한다.

짧고 강렬하게 피었다가 이내 지고 마는 모습에서 삶의 유한함과 그로 인한 슬픔을 느끼게 해 꽃말이 '덧없는 사랑' '기약 없는 사랑'이지만 그림은 오히려 그 슬픔을 감싸주는 느낌, 그런 느낌이 룻을 회복되게 했을 것이다.

늦여름의 향기

꽃봉오리가 마치 옥비녀처럼 생겼다고 해서 붙여진 이름, 옥잠화! 주로 7월에서 9월 사이에 꽃을 피우며, 특히 늦여름에 그 향기가 절정에 달하는데 재미있는 것은 저녁 무렵에 꽃봉오리를 활짝 열어 강한 향기를 발산하고, 아침이 되면 꽃봉오리를 닫기에 '달빛꽃', '야화'라고도 불리며, 여름밤을 향기롭게 물들인다는 것이다.

하지만 들에 핀 꽃이 된 룻은 밤낮을 가리지 않는 꽃, 향기가 자극적이지 않으면서도 코끝에 오래 남는 고요하고 달콤한 향을 발하는 옥잠화와는 비교할 수 없는 강렬한 향기, 룻은 여름철에도 향기가 달콤한 최고의 꽃이 되었다.

작은 입술의 기도

생김새가 옛날 서민들이 쓰던 모자 '패랭이'를 닮았다고 해서 패랭이꽃이라는 이름이 붙여진 꽃, 꽃말이 '순진한 사랑' '순결한 사랑' '청춘(젊음)' 등으로 다양하다. 신경림 시인은 "어떻게 사는 것이 잘사는 건지/ 알 수 없는 그 길을 가면서도/ 바쁘기만 한 세상살이에 지칠 땐/ 거친 들판에서 활활 타오르는/ 패랭이꽃이 보고 싶어진다"고 했다. 바쁜 세상살이에 지칠 때 패랭이꽃을 통해 위로를 얻고자 한 것이다.

잡풀 무성한 초야에 피어나는 소박하고 강인한 생명력을 지닌 패랭이꽃, 유명애 화백은 '작은 입술의 기도'라는 제목을 붙였다. 들에 나가 작은 입술로 기도했던 룻, 하나님의 응답은 보아스였다.

순수한 사랑

사랑과 순수함을 상징하는 흰장미, 이 꽃은 고요한 아름다움과 심리적 효과를 전하고, 사랑과 순수함을 고양시키며, 관계 형성에 도움이 된다. "낙관론자들은 가시가 아닌 장미를 보고, 비관론자들은 장미를 의식하지도 못한 채 가시를 집중해서 본다"는 말이 있고, "당신이 장미의 향기를 즐긴다면, 그것이 가지고 있는 가시도 받아들여야 한다"는 말도 있다. 깊이 음미하면 좋겠다.

오스카 와일드의 소설 『나이팅게일과 장미』에 나오는 나이팅게일이 사랑을 위해 자신의 심장을 찔러 흰 장미를 붉게 물들였다면 예수님은 사랑을 위해 십자가에 못 박혀 죽기까지 하셨다. 예수님의 십자가는 꽃 중의 꽃, 꽃말은 '영원한 사랑'일 것이다.

아침 해가 돋을 때

"구름처럼 외로이 헤매었네/ 골짜기와 언덕 위를 높이 떠다니는 구름처럼/ 그때 문득 무리를 보았네/ 황금빛 수선화의 무리를, 호숫가에, 나무들 아래/ 산들바람에 흔들리며 춤추고 잇었네/ 은하수에서 빛나고 반짝이는/ 별들처럼 끝없이 이어져/ 그들은 만(灣)의 가장자리를 따라/끝없이 펼쳐져 있었네... 활기찬 춤을 추며 머리를 흔들고 있었네/ 그들 옆의 파도도 춤을 추었지만/ 수선화는 반짝이는 파도보다 더 즐거웠네... 내 마음은 기쁨으로 가득 차고/ 수선화와 함께 춤을 추네"(Willam Wordsworth의 시 '수선화(Daffodils)')

춤추는 듯, 찬양하는 모습을 그려본다. 아침 해도 돋을 때 만물 신선하여라 나도 세상 지낼 때에 햇빛되게 하소서 주여 나를 도우사 세월 허송 않고서 어둔 세상 지낼 때 햇빛 되게 하소서

화려하게 피어나다

화려한 색채가 두드러진 외관과 독특한 모양, 그리고 강인한 생명력으로 많은 사람들의 사랑을 받는 칸나꽃(Canna), 단순한 아름다움을 넘어 여러 질병 치료와 예방에 효능이 뛰어난 것으로 잘 알려져 있다. 특히 잎과 뿌리는 염증 완화, 통증 경감 등의 용도로 사용되었다.

귀족들의 정원에서나 볼 수 있다가 전 세계적으로 퍼진 화려한 장식용 식물, '열정' '변화' '회복' 등의 의미를 담고 있어 룻과 잘 어울리는 것 같다. 보는 이마다 어려움을 딛고 화려하게 피어나기를 기도하는 마음이 가득 담긴 작품이다.

그리움

"어머니 발길 잦던 장독옆/ 기도하듯 핀 백일홍꽃/ 한여름 돼약볕 아래 더욱 붉다. 자식 향한 어머니의 염원도 저토록 붉었으리/ 조금만 소홀하면 시들어 버릴까/ 꽃봉오리 연이어 피워 올려/ 백일을 한결같이 꽃불 지핀다. 정화수 떠놓고 두손모아 지극정성 비시던 어머니 얼굴처럼/ 석달열흘 피고지는 백일홍꽃/ 어머니의 빈자리 환하게 밝힌다." 김희영 시인의 '백일홍꽃', 백일홍이 오랜 시간 피어나는 것처럼 어머니의 자식 사랑 또는 변함없이 지속되는 깊은 마음을 노래한 시다.

주로 '그리움' '변치 않는 사랑'을 주제로 한 슬픈 전설이 많은 꽃이지만 꽃백일홍을 바라보며 십자가 사랑을 몸소 보인 후 다시 오겠다고 약속하신 그 예수님을 그리워하며 산다면 우리 인생은 반드시 해피엔딩(Happy-ending)이 될 것이다.

승리의 환희

크고 화려한 꽃을 피워 '꽃의 여왕' 또는 '검의 꽃'이라고 불리는 글라디올로스(Gladiolus), 이름은 '작은 검' '칼'을 의미하는 라틴어 '글라디우스'(Gladius)에서 유래했다. 잎이 칼처럼 길고 뾰족하다고 해서 붙여진 이름이다. 고대 로마 검투사들 중 승리자가 글라디올로스 꽃다발을 받았다고 하는데 '승리의 환희'라는 제목을 붙여본다.

칼날처럼 날카로운 도전의 시간들을 잘 이겨내며 환희의 순간을 맞은 룻과 나오미, 힘든 상황에서 피어나는 아름다움과 강인함이 결국 이 꽃의 꽃말처럼 영원히 잊지 못할 '기억'이 되고, '추억'이 되었을 것이다.

새로운 시작

"나는 구름처럼 외로이 떠돌았네 / 골짜기와 언덕 위를 떠다니는 구름처럼, 그때 문득 나는 보았네 / 황금빛 수선화 무리를 / 호숫가 나무 아래에서 / 산들바람에 흔들리며 춤추는 것을", 호숫가에 만개한 수선화를 보고 윌리엄 워즈워드(William Wordsworth)는 경이로움과 기쁨을 노래한 반면에 정지용 님은 "어느 먼 곳의 그리운 소식인가 / 물결에 실려 온 흰 나비인가 / 차가운 바람 속에 홀로 피어 / 고요히 웃는 너의 모습은 / 슬픔을 아는 듯, 외로움을 아는 듯 / 아아, 수선화여, 너는 나의 눈물인가" 수선화의 고독과 애잔한 아름다움을 통해 그리움과 슬픔을 표현했다. 겨울 끝자락에 피어 봄을 알리는 수선화를 보며 '새로운 시작'을 생각한다.

■ 집필 후기

하나님의 은혜를 크게 느끼게 한 룻기를 『사랑이 피어나다』(부제: 룻기, 절망 중에 피어난 사랑이야기)라는 제목으로 집필을 마치며 학자들도 룻기를 짧지만 단순한 이야기 이상의 깊은 문학적, 신학적, 사회적 의미와 가치를 지닌 책으로 평가한다는 것을 남기고 싶다.

정교하게 구성된 내러티브, 고도의 문학적 기법들이 두드러지는 문학적 아름다움과 서사적 완성도가 높다고 평가되는 룻기, 정교한 교차대구법과 대조법이 사용되고, 명쾌한 사건 진행과 비교적 단순한 플롯으로 구조 분석이 용이한 성경이다. 인물 간의 대화와 사건 전개도 자연스럽고 감동적이다. 일부 학자들이 룻기를 '짧은 이야기'(short story), '확장된 비유'(extended parable), '역사성이 있는 짧은 이야기'(historical short story) 등으로 분류하며, 역사적 보도문이라기보다는 문학작품으로 보기도 하지만 그만큼 문학적 가치가 높은 성경으로 보면 될 것 같다.

룻기는 하나님의 섭리와 신실하심을 보여주는 신학적 가치가 높은 책으로 평가된다. 하나님의 계획이 어떻게 인간의 삶 속에서 펼쳐지는지를 잘 보여주는, 구속사적 관점에서도 매우 중요한 의미를 지닌 책이다. 뿐만 아니라 인간의 신실함이 일과 그 결실을 통해 활성화되는 측면도 분명하게 드러난다. 아울러 자기 백성을 돌보시고 당신의 목적을 이루기 위해 모든 사건을 이끄시는 하나님의 일하심도 잘 드러난다.

그리고 룻기는 구약 전체를 관통하는 메시아 사상과 연결되며, 죄와 고난의 세계(마라)에서 기쁨과 구원의 세계(나오미)로 회복되는 신학적 의미를 담은 것으로 평가된다. 룻기에 나타난 '헤세드'(은혜, 자비)는 율법을 뛰어넘는 윤리적, 신학적 교훈을 제시하며, 사회적 약자들을 배려하는 보아스의 헤세드와 숨어 계시면서도 주권적으로 섭리하시는 하나님의 헤세드가 적절히 잘 드러났다고 본다.

사사시대의 혼란과 비윤리적인 상황 속에서도 따뜻하게 빛나는 룻기, 특히 인간 상호간의 존중과 배려가 아름답다. 그 가운데 나오미에 대한 룻의 사랑과 헌신은 단순한 시어머니와 며느리의 관계를 뛰어넘어 모든 사람과의 관계에 적용될 수 있는 자발적인 사랑과 헌신을 보여주는 귀감으로 평가된다. 그리고 나오미의 변화된 삶은 풍요로움에서 텅 빔으로, 룻을 통해 다시 텅 빔에서 채움으로 나아가는 과정을 통해 희망과 위로, 신앙적 통찰을 제공하기에 충분한 것 같다. 아울러 가난하고 취약한 사람들을 위한 하나님의 명령과 노동의 신성함이 룻기 전반에 깔려 있다는 느낌도 들었다.

문학적 아름다움과 깊이 있는 신학적 메시지, 그리고 실제적인 윤리적 교훈을 담고 있는 룻기, 사사시대에 다윗 왕조의 기원까지 드러낸 것은 온몸에 소름이 돋는다고 할까? 신앙의 본질과 헌신, 그리고 사랑의 실천을 강조한 룻기, 독자를 행복으로 이끌기에 충분한 '구약의 복음서'다, 매년 찾아오는 봄마다 읽고 싶은 책, 독자들과 가정에 룻의 가정처럼 하나님의 은혜가 넘치도록 두 손을 모아 기도한다.